迅速提高乒乓球技巧

【日】西村卓二 著
陈思淼 金晓平 译

利用有效的击球方法取得胜利!

掌握正确使用球拍的方法和技巧

直观解说单一打法和综合练习

人民体育出版社

图书在版编目（CIP）数据

迅速提高乒乓球技巧 / (日) 西村卓二著；陈思淼，金晓平译. -- 北京：人民体育出版社，2018（2021.9重印）
ISBN 978-7-5009-4990-9

Ⅰ.①迅… Ⅱ.①西… ②陈… ③金… Ⅲ.①乒乓球运动—基本知识 Ⅳ.①G846

中国版本图书馆CIP数据核字(2016)第129502号

*

人民体育出版社出版发行
北京盛通印刷股份有限公司印刷
新 华 书 店 经 销

*

850×1168　32开本　5.5印张　116千字
2018年1月第1版　　2021年9月第2次印刷
印数：3,001—3,500册

*

ISBN 978-7-5009-4990-9
定价：28.00元

社址：北京市东城区体育馆路8号（天坛公园东门）
电话：67151482（发行部）　　邮编：100061
传真：67151483　　　　　　　邮购：67118491
网址：www.sportspublish.cn

（购买本社图书，如遇有缺损页可与邮购部联系）

前言

本书主要面向乒乓球初学者及中小学生，其开篇以乒乓球基本方法为引导，从乒乓球球拍的选择和握拍方法等基础内容开始，针对基本技法及技能进行重点阐释，同时注重结合实战训练要求，对重要的技巧和训练方法进行深入讲解。

在第一章"乒乓球用具——球拍底板和胶皮"当中，初学者首先了解乒乓球运动中"球拍和打法"的相互关系。在第二章"乒乓球基本技术"及第三章"发球和接发球"当中，初学者要学会并掌握这些基础技术动作的要领及方法，并在此基础上，进一步学习和掌握第四章"基本打法"中提到的一些提高水平的小技巧。在第五章"实战应用中的综合打法"中，针对这些小技巧介绍具体的练习方法。对于初学者来说，想要提高自己的乒乓球技能，首先应当衡量自己现有的技术水平，从而明确下一步努力的目标；然后，再通过阅读本书结合实战练习，从而使自身的技术水平显著提高。在第六章"双打"和第七章"削球"中增加了近几年在训练中经常被忽视的一些内容。在第八章"有效的训练方法"中，介绍了一些近年来在乒乓球界非常受关注的训练内容。请广大乒乓球爱好者根据自身的需要进行学习。

乒乓球运动是一项老少皆宜的体育活动，在很多国家和地区深受人们欢迎和喜爱。可以说，这是一项大众化的、简单易学的体育运动。乒乓球运动对动作的准确性要求很高，有时甚至0.1秒的时间差或是1厘米的动作误差都会成为决定胜负的关键，所以，乒乓球运动也可以说是一项非常严谨的体育运动。

但是，无论其理论深度还是严谨性，都存在着一定的规律和基本原理。

  无论是哪种球类运动，都是由"速度""旋转""路线"这些基本要素组成的。请不要忽视这些基本要素，要扎实地掌握这些技巧，同时，享受一点一滴的进步所带来的快乐。最后，我期待着这本书能够使你成为世界上独一无二的乒乓球高手，这将是我最大的荣幸。

西村卓二

迅速提高乒乓球技巧

第一章　乒乓球用具——球拍底板和胶皮 …………（1）
　　1. 球拍种类 ……………………………………（2）
　　2. 横拍握法 ……………………………………（4）
　　3. 直拍握法 ……………………………………（6）
　　4. 胶皮种类和特征 ……………………………（8）
　　5. 球拍选择 ……………………………………（12）
　　专题1　胶皮的粘贴方法 ………………………（14）

第二章　乒乓球基本技术 …………………………（15）
　　1. 基本姿势 ……………………………………（16）
　　2. 正手攻球 ……………………………………（20）
　　3. 正手攻球的要点 ……………………………（22）
　　4. 反手拨球 ……………………………………（24）
　　5. 反手拨球的要点 ……………………………（26）
　　6. 反手搓球 ……………………………………（28）
　　7. 正手搓球 ……………………………………（30）
　　专题2　熟悉球性 ………………………………（32）

第三章　发球和接发球 ……………………………（33）
　　1. 发球规则 ……………………………………（34）
　　2. 旋转球的发球方法 …………………………（38）
　　3. 发球时的目标点 ……………………………（40）
　　4. 正手发球 ……………………………………（44）

1

5. 正手发球的要点 ………………………… (46)
　　6. 正手发下旋球 …………………………… (48)
　　7. 正手发下旋球的要点 …………………… (50)
　　8. 正手发侧旋球 …………………………… (54)
　　9. 正手发侧旋球的要点 …………………… (56)
　专题 3　单人进行发球练习 ………………… (57)
　　10. 反手发下旋球 ………………………… (58)
　　11. 反手发侧旋球 ………………………… (60)
　　12. 摆短接发球 …………………………… (62)
　　13. 拨打接发球 …………………………… (64)
　　14. 侧旋球的接法 ………………………… (66)
　专题 4　发球时的 5 个要点 ………………… (68)

第四章　基本打法 ……………………………… (69)
　　1. 正手旋转球 ……………………………… (70)
　　2. 正手旋转球的要点 ……………………… (72)
　　3. 反手旋转球 ……………………………… (74)
　　4. 反手旋转球的要点 ……………………… (76)
　　5. 正手扣杀 ………………………………… (78)
　　6. 扣杀高球 ………………………………… (80)
　　7. 反手扣杀 ………………………………… (82)
　　8. 正手挡球 ………………………………… (84)
　　9. 反手挡球 ………………………………… (86)
　　10. 搓球的应对方法 ……………………… (88)
　专题 5　关于挥拍的幅度 …………………… (90)

第五章　实战应用中的综合打法 ……………………（91）
  1. 正拍和反拍的交替 ………………………（92）
  2. 左右步法 …………………………………（94）
  3. 前后步法 …………………………………（96）
  4. 三点走位步法 ……………………………（98）
  5. 正手三点连续走位攻（1）………………（100）
  6. 正手三点连续走位攻（2）………………（102）
  7. 三点连续走位攻的动作要点 ……………（104）
  8. 第三球进攻（1）…………………………（106）
  9. 第三球进攻（2）…………………………（108）
  10. 第四球进攻（1）…………………………（110）
  11. 第四球进攻（2）…………………………（112）
  12. 第五球进攻 ………………………………（114）
  13. 实战练习 …………………………………（116）
  专题6　关于发球方法的思考 …………………（118）

第六章　双打 ……………………………………（119）
  1. 双打的基本规则 …………………………（120）
  2. 正手位的步法 ……………………………（124）
  3. 反手位的步法 ……………………………（126）
  4. 双打的要点 ………………………………（128）
  专题7　双打时的心理因素 ……………………（132）

第七章　削球 ……………………………………（133）
  1. 正拍削球 …………………………………（134）
  2. 反拍削球 …………………………………（136）

3. 削球的要点 …………………………… (138)
4. 削球的步法 …………………………… (140)
5. 削球的反击 …………………………… (142)
专题 8　球队中无削球手的应对策略 ………… (144)

第八章　有效的训练方法 ……………………… (145)
1. 击球姿势 ……………………………… (146)
2. 制订训练计划 ………………………… (148)
3. 多球练习 ……………………………… (152)
4. 有关训练的相关思考 ………………… (154)
5. 视觉训练 ……………………………… (156)
6. 眼和手的协调性训练 ………………… (158)

第一章

乒乓球用具——
球拍底板和胶皮

1 球拍种类

横拍与直拍

横拍的特征

　　这是一种类似"握手"的握拍方法,被称为横拍握法,简称为"横拍"。这种球拍诞生于欧洲,在球拍的正反两面都粘有胶皮,特点是可以像网球一样利用正手和反手两面挥拍。

　　无论正手还是反手握拍都很方便,而且既可以用于进攻也可用于防守,所以在比赛中被广泛使用。

　　横拍根据手柄部分的形状不同。可以分为直线形(长方形)、喇叭形(像喇叭一样向四周散开)和梯形等。

对于乒乓球初学者，选择一个适合自己的球拍很重要。乒乓球的球拍分为"横拍"和"直拍"两种，球拍不同，打法也有所不同。首先让我们了解一下它们各自的不同特点，并亲身体验一下。

直拍的特点

直拍握拍方法的手型就像握笔一样，过去亚洲运动员大多选择这种握拍方法。这种球拍一般只有单面粘贴胶皮，无论正手还是反手都用这一面来打球。这种球拍的特点是可用正手进攻并使用腕关节发力。

直拍大体分为三种，即日本式（手柄部分由软木制成并且突出，如上图所示）、中国式（横拍的手柄较短）和反转式等。

除此之外，拍面形状还分为方形（适合进攻）、圆形（适合发挥技术）和椭圆形（介于四方和圆形之间，全能型，如上图所示）三种。

2 横拍握法

手型就像轻轻握手

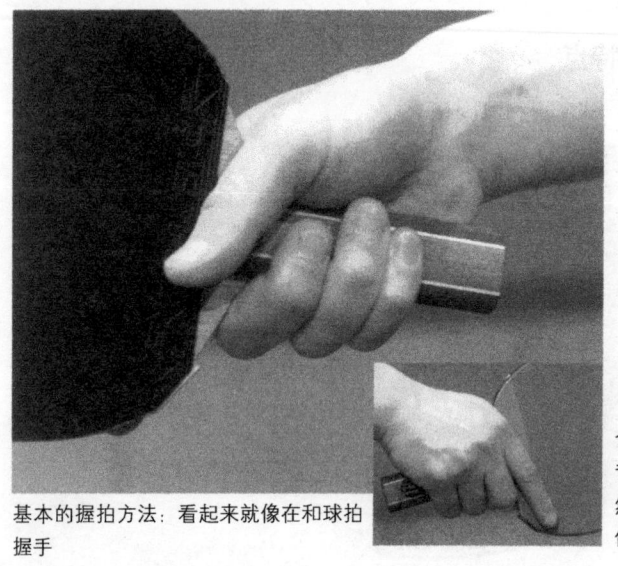

基本的握拍方法：看起来就像在和球拍握手

食指伸到球拍背面，手指自然伸直，不要伸得过长

握拍要"自然轻柔"

拇指和食指分别放在球拍的正面和反面，中指、无名指和小指轻握球拍柄。如果拇指紧紧扣住球拍柄的话，会使腕关节紧张、缺乏灵活性，难以使球旋转，这点需要特别注意。食指贴着胶皮下端自然伸直，但不要伸得过长。

腕关节和球拍呈一条直线，保持自然灵活，不要过于用力。如果腕关节用力，球拍就会与腕关节形成角度，无法准确控球，也不利于发力。

当然，在实际打球时，球拍的握法也不局限于这几种，应根据场上局势随时变化。

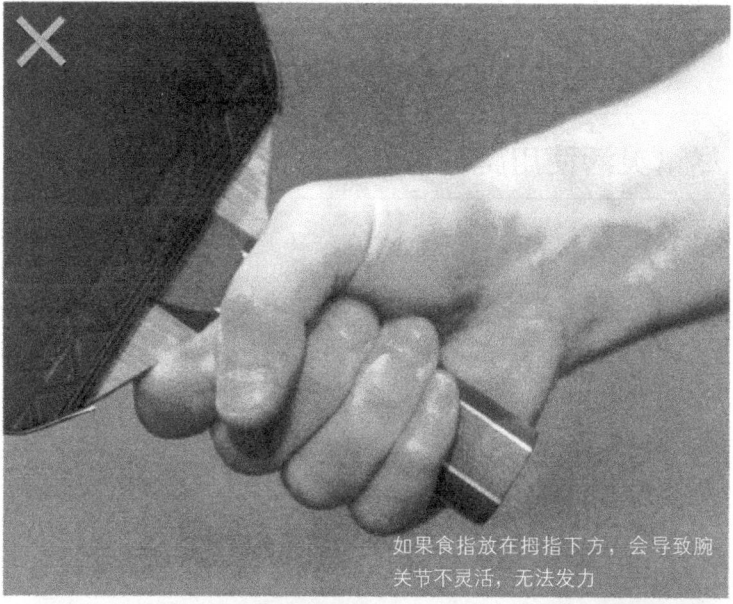

如果食指放在拇指下方,会导致腕关节不灵活,无法发力

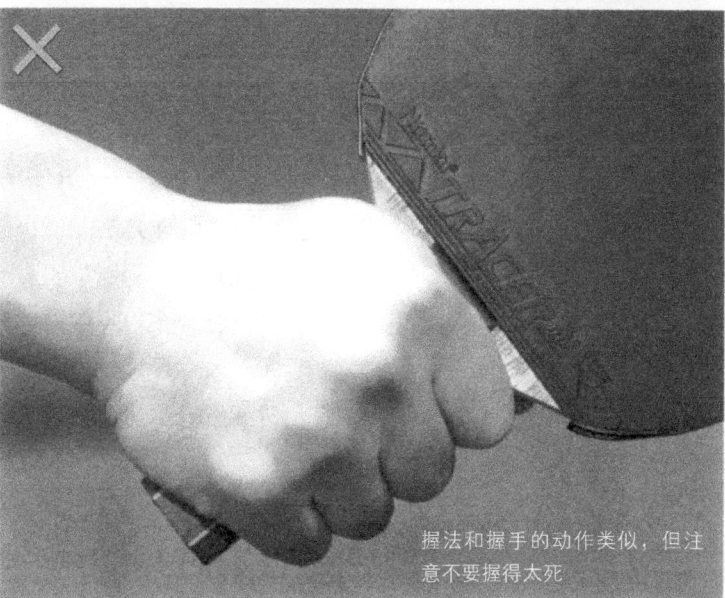

握法和握手的动作类似,但注意不要握得太死

第一章 乒乓球用具——球拍底板和胶皮

3 直拍握法

尽量灵活使用腕关节发力

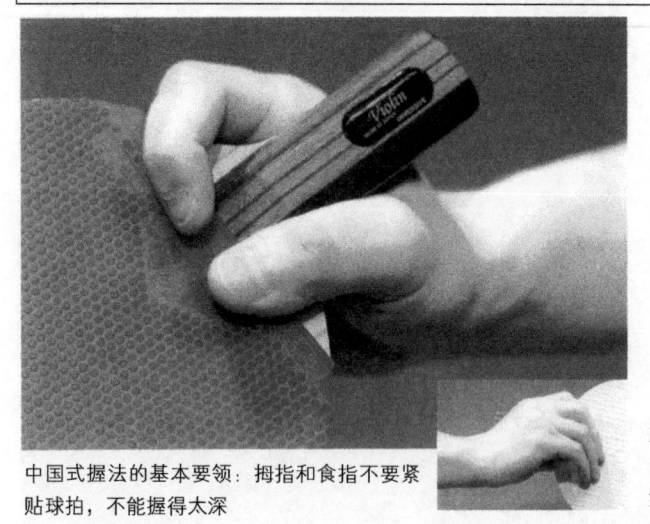

中国式握法的基本要领：拇指和食指不要紧贴球拍，不能握得太深

球拍背面的手指轻轻弯曲

拇指和食指的手型就像握笔一样

食指和中指分别放在球拍的正面和反面，就像握笔一样。拇指从球拍柄的反面伸到正面。日本式的握法是食指向前伸，尽量握住球拍柄的一端。中国式的握法是食指不过度向前伸，两指轻轻握住球拍。

球拍背面的手指（中指、无名指、小指）轻轻弯曲，手指尖

提示　削球方法

直拍削球时，要注意手的动作。食指与拍柄间角度大、拇指与拍柄间角度小，这样可以利用拇指和食指之间的手柄发力削球。初学者可咨询教练找到适合自己的方法。

轻轻贴住球拍的中心部分支撑住球拍面。但是，如果整个手指完全贴在球拍上的话，就无法灵活运用腕关节发力，所以要尽量使手指和球拍之间留出空余。

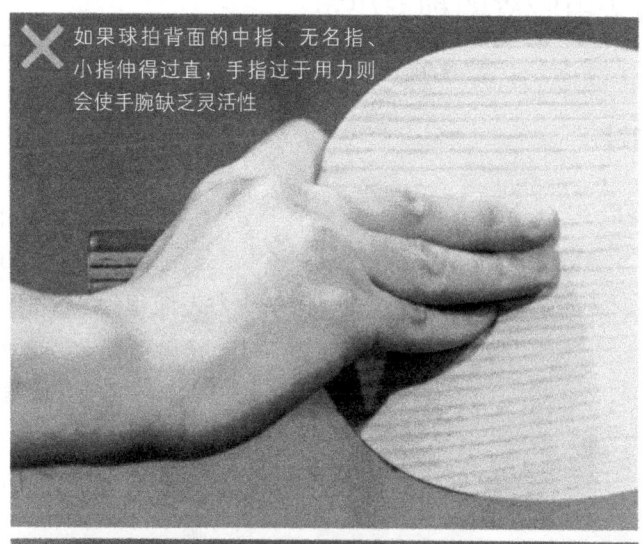

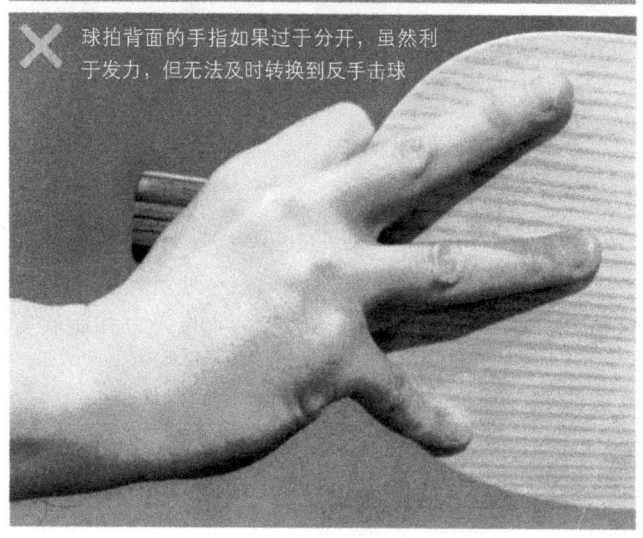

✗ 如果球拍背面的中指、无名指、小指伸得过直，手指过于用力则会使手腕缺乏灵活性

✗ 球拍背面的手指如果过于分开，虽然利于发力，但无法及时转换到反手击球

4 胶皮种类和特征

打法由胶皮的种类决定

【反胶】

海绵

适合发弧圈球

这种胶皮的使用最为广泛。因为球拍表面很平，所以与球接触面积大，摩擦大，有利于使球发生旋转。正因为如此，也易于受到对方弧圈球的影响。

这种球拍可应用于各种打法，特别是以弧圈球和削球为主的运动员偏爱于此。

胶皮和海绵的材质种类很多，会对球的弹力和旋转等方面产生影响。

【正胶】

正胶海绵　　　　　　　　海绵

单面海绵　　　　　　　　海绵

适合发高速球

这种胶皮表面粘有颗粒，可减小摩擦，这样有利于球快速弹起，因此能够提高球速。

这种球拍与反胶拍相比，不容易使球发生旋转，但同时，受到对方弧圈球的影响也相对小些。横握拍运动员和直握拍的快攻运动员偏爱于此。

由于胶皮上无海绵，所以弹性小，更有利于发弧圈球和削球。

第一章　乒乓球用具——球拍底板和胶皮

乒乓球的球拍上粘有"胶皮"。胶皮又分为"反胶""正胶""长胶"三种，这三种球拍的特点各不相同。

【长胶】

长胶胶皮　　　　海绵

长胶单面胶皮

海绵的厚度

胶皮除了在种类上有区别外，在厚度上区别也很大。一般来说，海绵越厚弹力越大，速度就越快，就越难控球。另外，海绵厚则球拍重，在挥拍时需要更加用力。

一般进攻型运动员适合海绵较厚的球拍，防守型运动员适合用海绵较薄的球拍。对于初学者来说，为了提高控球能力，建议使用海绵较薄的球拍。

利用对方的旋转制造变化

这种球拍和正胶拍类似，但球拍的胶粒要比正胶拍的胶粒更为突出，当对方来球时，利用胶粒的弹性可以制造各种变化。

一般来说，对方发来弧圈球时，回球可向相反方向旋转。例如，对方发上旋球，那么就可以给对方回下旋球。另一方面，由于发弧圈球存在一定困难，削球型运动员可以在球拍背面粘上长胶，这样结合反胶来使用效果更好。

海绵的厚度决定球的性质

	超薄	薄	中等	稍厚	厚	特厚	最厚
速度	小						大
速度	大						小
速度	大						小

5 球拍选择

试用不同的胶皮和球拍

【主要打法】

	打法	特点	胶皮类型
横拍	正反手弧圈球	在现代乒乓球运动中,这种打法最为广泛。这是一种以弧圈球为主要打法的力量型进攻打法。正反手都可以自如地打弧圈球,球拍的正面和反面都粘有反胶,利于使球发生旋转	反胶 + 反胶
横拍	特殊进攻型	此种进攻可利用球拍正面发弧圈球,利用反面提速（正胶）及增加旋转。在正面粘上反胶,反面粘上正胶或长胶。区别使用正反手来进攻和防守	反胶 + 正胶或长胶
横拍	削球型	对方进攻时,可用削球进行防守,并伺机反攻。在球拍的正反两面都粘上反胶制造下旋球,此外,也有运动员在反面粘上其他胶皮来引诱对手失误,这样也能增加自己的进攻机会	反胶 + 反胶或正胶 或长胶

当了解球拍和胶皮的主要特征以后，我们可将两者的优势结合起来找到适合自己的打法。乒乓球的球拍和胶皮种类繁多，搭配方法也多种多样，以上只简单介绍了一些有代表性的搭配方法。在选择适合自己的球拍时，最好实际地去体验一下。

	打法	特征	胶皮类型
直拍	旋转型	依靠弧圈球进攻的类型。多为正手进攻，由于从正手转换到反手需要时间，所以充分运用步法来辅助正手进攻	反胶
	近台快攻型	在短时间内从离球台较近的位置（近台）打球，在对方进攻前己方先发起猛攻。一般可使用提高速度的正胶拍，底板使用圆形或椭圆形球拍	正胶

如何选择球拍和胶皮？

【1.观看比赛】

如果不了解球拍的种类，就无法选择正确的球拍。我们可以通过观看比赛或电视录像转播来找到适合自己的器材。

【2.咨询他人】

对于初学者来说，我们不知道哪种球拍更适合自己。这时可以咨询前辈、教练或者朋友来为自己选择一种适合的球拍。

【3.亲身体验】

尽可能多地去尝试这些器材和打法。通过自己的实际体验，尝试不同种类的器材，选择适合自己的球拍。

专题1　胶皮的粘贴方法

胶皮由胶皮和海绵两部分组成。在使用球拍的过程中，会造成胶皮摩擦过度，使球拍的摩擦力减小，导致球的旋转度下降，并且海绵弹力减弱，球不容易弹起。

一般来说，球拍的胶皮在使用80个小时之后就应该及时更换。

如果一周进行2~3次训练，按照这个频率，2~3个月就应该更换一次胶垫。正胶、反胶、长胶的球拍都可以根据这个标准来确定更换的时间，如果球拍的四角已被磨平就要及时更换胶皮。

下面介绍胶皮的粘贴方法。

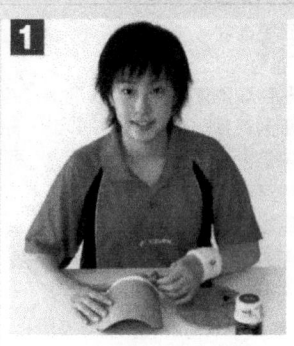

1 将拍子和胶皮均匀涂上胶水

2 等胶水干了以后开始粘贴套胶。最好从手柄处开始粘贴。粘好之后用手按压

3 一边转动球拍边缘，一边剪去胶皮多余部分

4 完成！

模特：石川佳纯（miki houseJSC）

第二章

乒乓球基本技术

1 基本姿势

最佳姿势既方便身体移动且稳定性好

【右手持拍者】

侧面

- 身体前倾，不要弯腰
- 膝关节不要伸直
- 身体重心集中在前脚掌，脚后跟虚抬，不要用力踩地
- 右手持拍者可用右脚控制身体平衡

【右手持拍者】

正面

持拍手与持球手保持相同高度

两脚间距离与肩同宽

【左手持拍者】

正面

侧面

左手持拍者和右手持拍者动作大致相同，但身体的旋转方向相反

左手持拍者的左脚稍微退后

第二章　乒乓球基本技术

错误的姿势

两脚间的距离因人而异,但标准是与肩同宽。

距离过宽,不利于身体移动,距离过窄则稳定性差。

如果两脚间距离过宽,虽然增加了稳定性,但不利于身体的移动

如果两脚间距离过窄,虽然利于身体的移动,但身体容易摇摆,缺乏稳定性,无法准确击球

如果膝关节伸得过直，则腿部肌肉压力大，无法活动。另外，由于腰部承担了身体的大部分重量，此时腰部的负担也会过重

如果重心集中在脚后跟，则身体容易后仰。最好把重心移到双脚的前脚掌处，这样便于身体活动

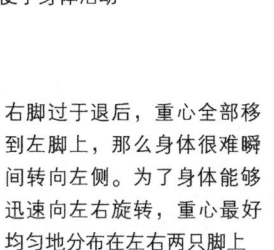

右脚过于退后，重心全部移到左脚上，那么身体很难瞬间转向左侧。为了身体能够迅速向左右旋转，重心最好均匀地分布在左右两只脚上

2 正手攻球

这是最基本的打法

正手攻球是最基础的打法。在学习乒乓球时，一般在初级阶段练习这种技术。虽然很基础，但在正规比赛时，这是最重要的也是使用频率很高的技术，所以千万不要忽视，要牢牢地掌握。

练习时，注意用球拍正中心部位击球。开始时也许很难，但一定要坚持练习。

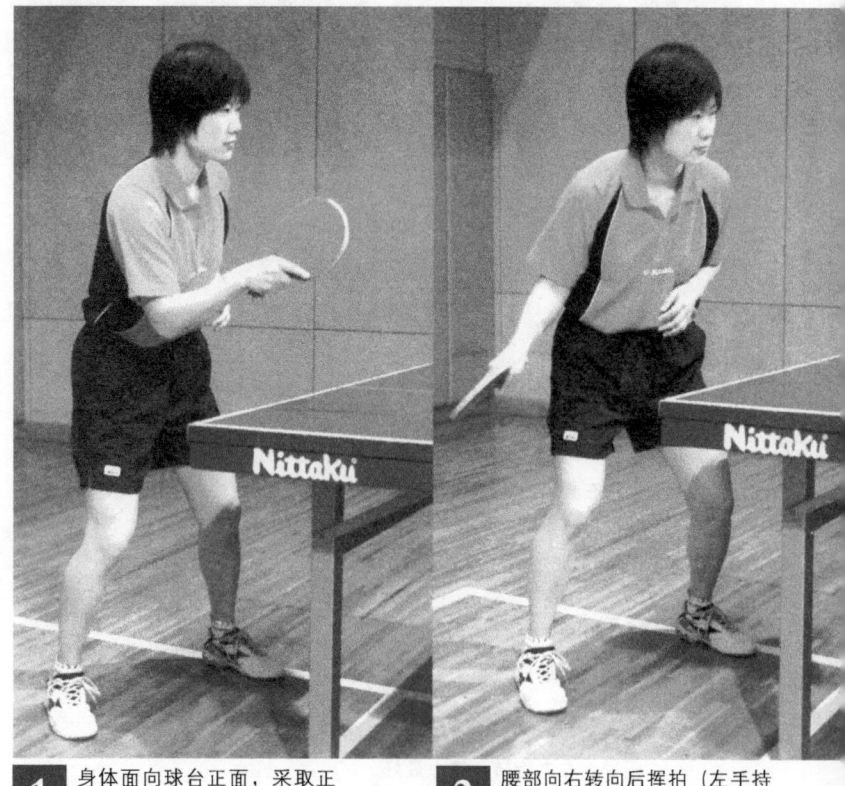

1 身体面向球台正面，采取正确的基本站位

2 腰部向右转向后挥拍（左手持拍者向左转），肘部微微弯曲

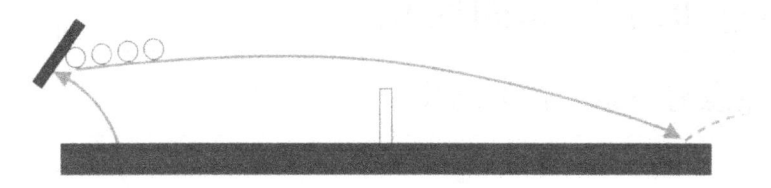

正手攻球时，球划弧线过网，在对方的球台弹起

| **3** | 肘部弯曲呈 90°，在球弹起至最高点时击球 | **4** | 球拍挥到脸部左侧后，身体还原 |

第二章 乒乓球基本技术

21

3 正手攻球的要点

注意另一条手臂的动作

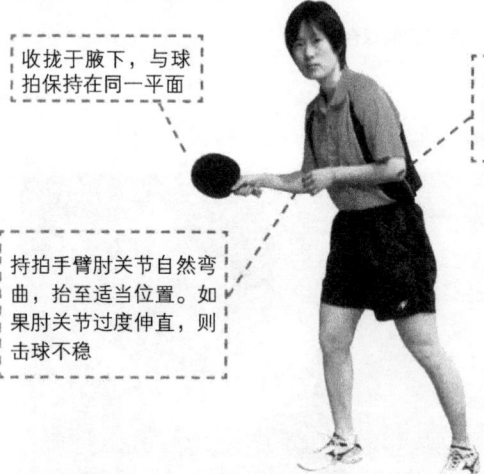

收拢于腋下，与球拍保持在同一平面

非持拍手的肘关节不要过度伸直，应尽量使其放松

持拍手臂肘关节自然弯曲，抬至适当位置。如果肘关节过度伸直，则击球不稳

非持拍手不要过于放松下垂，但是肩部也没有必要过于紧张用力。此动作采取竞走时的姿势为最佳

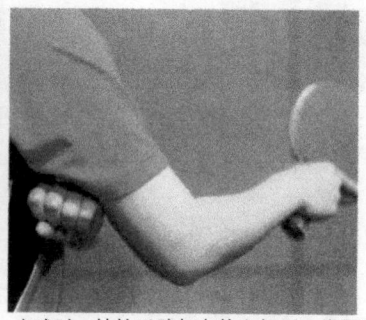

击球时，持拍手臂与身体之间以一拳距离为宜。如果距离过大则肘关节抬起过高，缺乏稳定性；如果距离过窄，则挥拍的角度太小

非持拍手随身体旋转而移动

挥拍时，非持拍手要随着身体的旋转而移动（右手持拍则向左带）。这样便于身体迅速旋转，挥拍也会有力度。另外，击球后身体要立即还原。

非持拍手臂不要伸直

如果非持拍手臂伸得过直，身体就不能灵活旋转，只能依靠腕关节来挥拍。

击球时非持拍手放到身体前

击球时非持拍手放在身体前面而不是两侧。球拍顶端（与手柄相反的部位）在击球时要朝上。击球后，球拍收回到脸部左侧。

4 反手拨球
为下次进攻做准备

1 身体正对球，保持姿势端正

2 结合对方回球速度采取反手挥拍

对于采用横拍握法的运动员来说这是一项必须掌握的技术。掌握了这项技术不仅能够接住对方的回球，而且能够给予对方迅速有力的反击，可为下次进攻做准备。

反手挥拍时，右肩稍稍转向身体内侧，利用身体扭动的惯性可以使击球更加有力。

击球时要以肘关节为支点，用腕关节发力回球，注意要将整个球拍向前推。

3 肘部弯曲呈90°，身体稍微前倾，球弹起后立即用身体正面迎球

4 以肘关节为支点，转动手腕挥拍击球。击球后身体立即还原

5 反手拨球的要点

保持身体正面迎球

在这一技巧中要始终保持身体的正面面向来球，这点非常重要。身体要面向球台，尽量保持球拍的手柄和球台的端线平行。如果肩关节发力夹紧腋下挥拍，容易降低肘关节的稳定性，这点需要注意。

用身体正面面向来球时，步法的运用很重要。在调整身体的位置时，可以依靠移动脚步来完成，当然，也可以靠移动重心（仅仅移动腰部以上部位）来完成，可产生同样的效果。

这个动作的要点是必须用身体正面面向来球。保持球拍稍微面向侧面

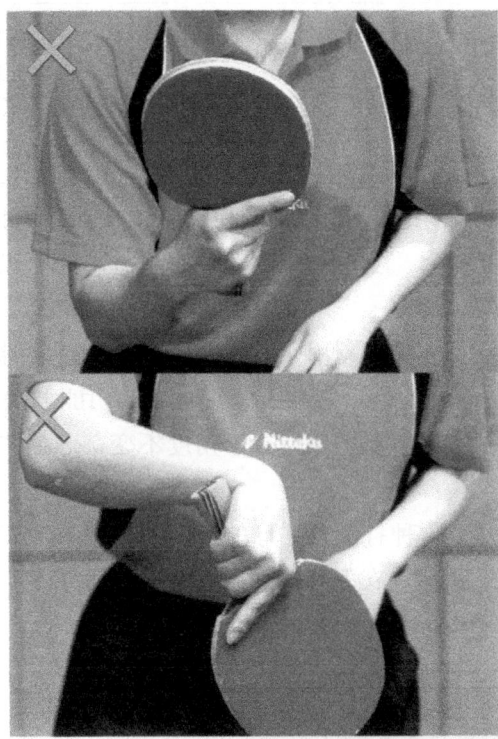

如果球拍过于直立，则挥拍旋转角度偏小，这样容易被对方来球突袭

如果腕关节弯曲使球拍朝下，则击球点不稳，容易错过击球时机

如果肘关节伸得过直，单纯依靠腕关节发力，会导致回球不稳

第二章 乒乓球基本技术

6 反手搓球

搓球底部

处理下旋球时，如果使用正手攻球和反手拨球回球的话，球会向下反落至自己球台。为避免失误，回击下旋球时可以用"反手搓球"来处理。

这个动作的幅度小，并且可以用反手稳定地回球。因为回球是下旋球，球的路线很低，对方不易进攻，很多初学者使用此打法。

基本打法是球拍微微向上，保持这个角度不变，球拍"从球底部"向前推。

与正手攻球不同，这种打法要在球的上升期击球。对于初学者来说，当球通过最高点在下降前期击球时准确性更高。熟练之后，当球在上升初期时，可立即击球。

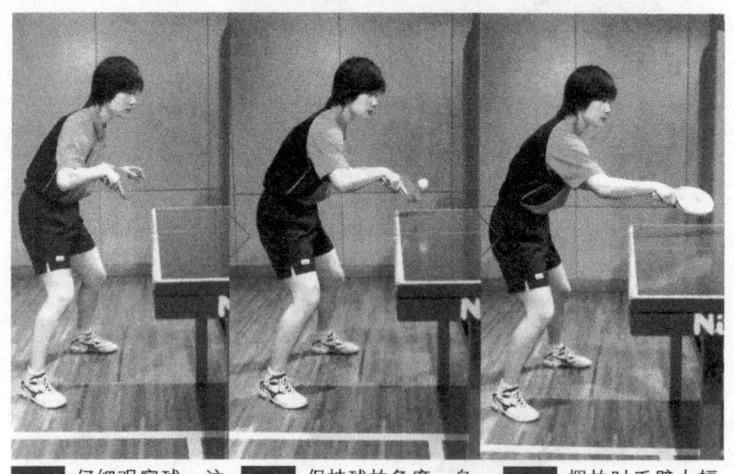

1 仔细观察球，注意把握击球时机

2 保持球拍角度，身体靠近球和球拍，从球底部前搓

3 挥拍时手臂大幅度张开，注意肘关节不要伸直

看清来球路线和旋转速度，再选取挥拍的角度

不要用球拍中心，要用球拍下部去搓球

右手持拍运动员应以手和肘为支点，向右斜前方搓球。不要转动手腕，使手腕和球拍保持在一条直线上

第二章 乒乓球基本技术

7 正手搓球

向持拍手一侧迈步

正手搓球和反手搓球一样，也是从球的底部向前搓，此时持拍手同侧的脚向前迈步，目光要注视来球。另外，正手搓球时容易造成挥拍角度过大，此时要注意保持动作紧凑。

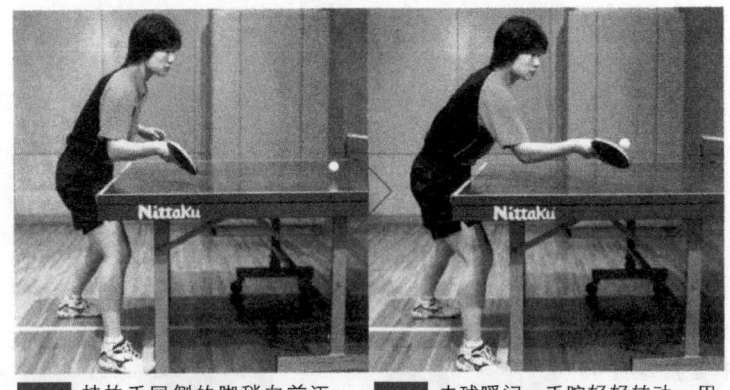

1 持拍手同侧的脚稍向前迈出，持拍手的腕关节稍微外翻，等待来球

2 击球瞬间，手腕轻轻转动，用球拍将球搓起

3 重心边移到前脚边回球，注意回球不要过于用力，肘关节不要过于伸直

身体靠近球拍，上臂紧贴躯干，尽量靠近球和球拍

正手也要用球拍下部去搓球

肘关节慢慢向内侧转动，触球瞬间，手腕发力，转动球拍

挥拍动作不要过大

　　如果向后挥拍动作过大，则很难把握击球时机。如果肘关节向前伸得过直，球容易发飘

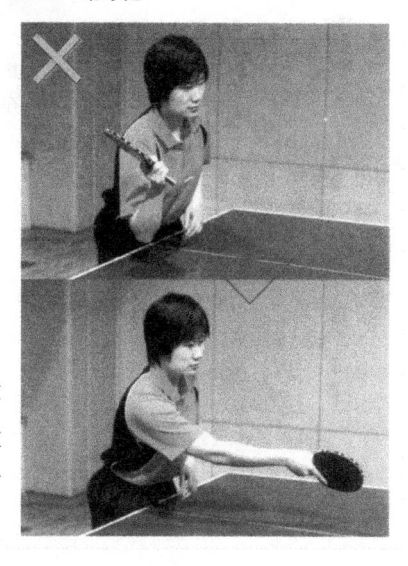

专题2 熟悉球性

有的初学者经常会说:"刚开始学乒乓球,球拍都碰不到球,就更不要说技巧了""不知道球会飞向哪个方向"。因此,初学阶段让我们首先从熟悉球性开始了解乒乓球。当球撞击球拍后会弹向哪个方向?应该用什么样的力度击球才能达到理想的效果?带着这些问题我们通过以下的练习来掌握一些小技巧。

这些小游戏在家里也可以做。尽可能长时间去触碰球拍,尽可能多地创造接触球的机会。

1 球拍朝上,向上颠球
先用球拍正面颠球,再用球拍反面颠球。记录下颠球的次数,随着次数的增多,会使我们产生成就感。

2 边行走边颠球
熟练了①的练习之后再进行这个练习。要在行走时做控球练习,坚持练习不要停下。熟练之后可做到一边走一边颠球。

3 用球拍上部停球
要用球拍停住抛起的球或在练习①中掉落的球。基本做法和托球游戏(日本的一种游戏。一尺左右的木柄一端尖,另一端成勺状,中间栓线,线的一端拴上有孔的木球,用木柄的一端接球或穿球的游戏)相同。重点是要顺着球拍的移动方向来缓冲球。

第三章

发球和接发球

1 发球规则

基本原则是"发球时让对方看到球"

第一　发球时手指张开

准备发球时，把球放到持球手的掌心上。我们通常为了稳住球所以手指容易合拢，一定要注意避免这个错误，记住这是犯规行为。同样也不可将球放到手指上。

第二　球的位置高于球台

准备好后，持球手的高度不要低于球台（持拍手可以低于球台）。另外，持球手要位于球台端线外靠近自己的一侧。

第三　将球抛到 16 厘米以上，下落后击球

发球时，要把球抛到 16 厘米以上，可参照球网的高度（15.25 厘米）。球到达最高点下落后再击球，如在球抛起过程中击球则为犯规。

在乒乓球比赛中，发球是唯一不受对方制约的"进攻第 1 球"。正因为如此，关于发球的规则也比较详细。

发球容易引起犯规和争议，所以为了避免争议，动作要准确规范。

第四　不要用持球手和持球臂去遮球

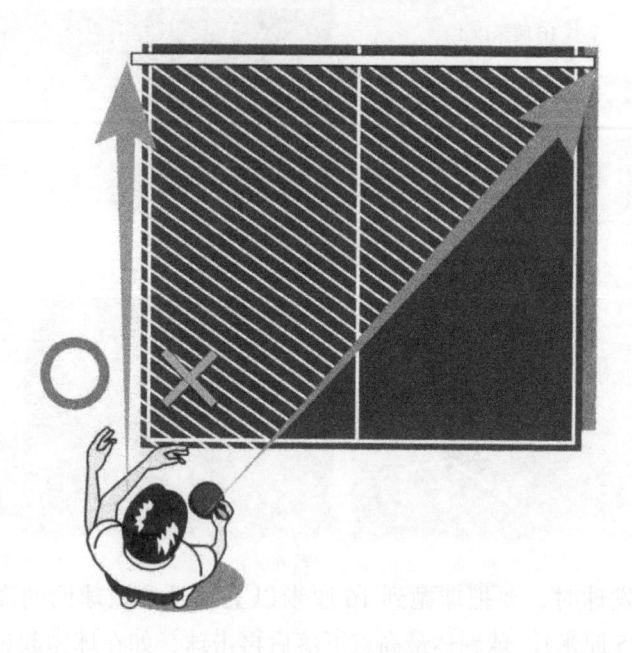

从抛球开始到击球的过程中，要始终使对方能够看到球。如果持球手、臂，或者服装遮挡球，则视为犯规。因此，持球手或臂不应放在球网和身体之间（如左图斜线部分所示）。

提示

横拍发球时的手柄握法

关于横拍的握法我们在第 4 页已经提到过，但是，在发球时稍微改变手柄的握法会更加方便发球。中指、无名指、小指不碰拍面，用拇指和食指夹住手柄，虎口对准球拍侧面，用中指的侧面支撑住球拍。灵活运用腕关节，可发出相对犀利的旋转球。

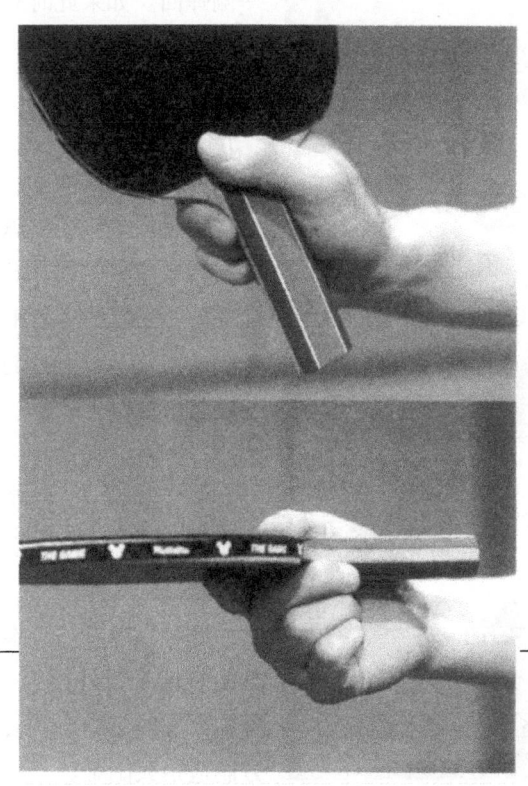

中指、无名指、小指不要握在手柄上

2 旋转球的发球方法

球拍摩擦球的不同部位，可使球产生不同的旋转

下旋球

球拍自上而下，朝着球的底部切削球。

摩擦球底部后，球落对方球台后，会感觉球向自己一侧弹回。如果此时对方使用普通的接发球技术，就无法接到球。

侧旋球

摩擦球的侧面。

右手持拍正手发球，球向右转（对方的回球转向自己左边）；左手持拍正手发球，球向左转（对方的回球转向自己右侧）。

反侧旋球

和普通侧旋球的摩擦位置相同，但摩擦的方向不同，导致球的旋转方向不同。

此种发球方法较难，虽然旋转球本身并没有力度，但如果发侧旋球，就会给对方制造很大困难。

发球作为"进攻第1球",要给对方增加难度,而且要准确预测对方回球。所以,重点是要控制球的旋转方向。

也可以说,要做到让对方防不胜防,不让对方识破自己的意图。所以,首先要确定击球的位置,明确应使球发生何种旋转才能达到理想的效果。

斜搓

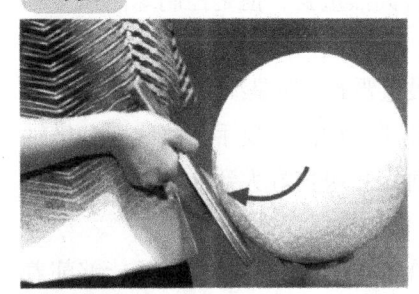

侧回旋+下回旋,也叫作侧下回旋。从球的侧下部位搓球。利用侧回旋和下回旋的优势打出强有力的球。

反斜搓

反侧回旋+下回旋。将"斜搓"的侧回旋向相反方向搓球的形式,和"斜搓"相同,或摩擦球的底部,或摩擦球的两侧,可打出强有力的球。

攻球

和正手攻球相同,用球拍盖球,摩擦球的侧上方。因为是发上旋球,所以能打出速度和力度。这个动作容易打乱对方接发球的时机,所以是发球的重要技巧。

3 发球时的目标点

看清球的长短和路线

在发球时，使球发生旋转固然重要，但是控制球的速度和落点更为关键。

向对方台面发球瞄准时最重要的参照是纵轴（斜线、中路、直线。或者说是对手方向的正手、中路、反手的路线）和横轴（长短）。开始时，要按照这种定位决定好大致的位置，然后朝着目标打球。

单人也可以练习发球。在经过不断的训练之后便能够朝着目标准确发球。

长、短球的发球方法

发长球时，使球尽可能弹向球台上离自己最近的位置。

然而，发短球是指球第一次弹起的位置要在己方台面近网处，轻轻弹起后落到对方台面近网处。目的是在对方台面再次弹起。

除了长短球以外，还有一种类型，那就是球在对方台面第二次弹起的位置刚刚过网。这种发球方法叫作"发半长球"。目的是打乱对方的接发球。

【发长球】

第 1 次弹起

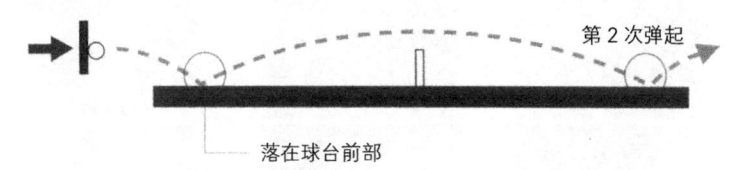

第 2 次弹起

落在球台前部

【发短球】

第 1 次弹起

第 2 次弹起

球落在近网处

让球在对方台面再次弹起

从己方角度区分发球路线

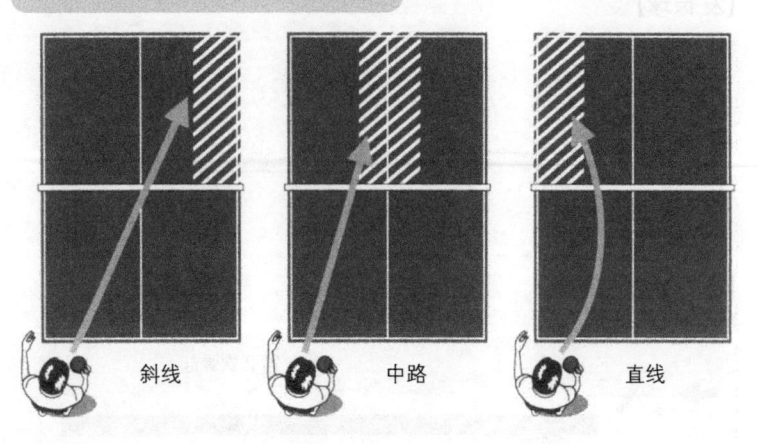

斜线　　中路　　直线

从对方角度区分发球路线

当运动员技术熟练后，可试着瞄准对方球台的某一个位置发球。

对于初学者来说，可以像下图一样把球台分为6个区域，练习时可瞄准某一区域发球。

在熟悉了向这6个区域发球后，发球时试着给对手制造困难（网格部分）。

【对方球台分区（对手为右手持拍）】

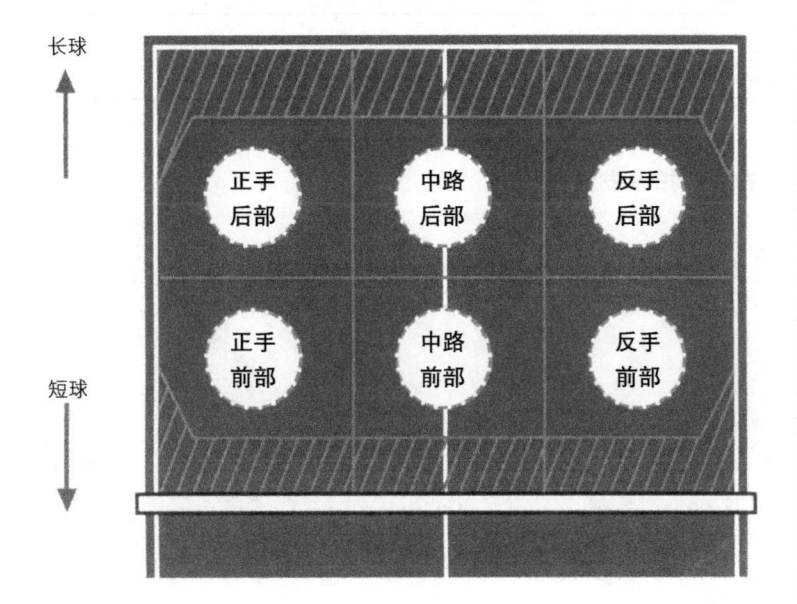

长球 ↑

短球 ↓

| 正手后部 | 中路后部 | 反手后部 |
| 正手前部 | 中路前部 | 反手前部 |

4 正手发球

快速发球，提高球速

【右手持拍者发球】

1 球抛起后，持拍手向后引拍

2 击球前，用球拍去迎球

【左手持拍者发球】

正手发球是将快速旋转球打到对方球台远处的发球方法。

为了防止对方运动员进攻，一般要发短球，但适当配合长球效果会更好。

在挥拍提高速度的同时，还要注意降低高度。

3 自后向前挥拍

4 快速挥拍可提高速度

5 正手发球的要点

为提高球速要在低处击球

反手挥拍时的重心转移

重心移向后脚

向后引拍时,把重心移到后脚(即右手持拍者的右脚、左手持拍者的左脚)。

挥拍时,重心从后脚逐渐移到前脚,这样发球就会有威力。

重心移到后脚(图中运动员是左手持拍)

这些不仅是正手发球的技术要点,也是所有正手发球动作通用的技术要点。

缩小击球入射角

注意要在低处击球

发球时击球点与球台形成的角度叫作"入射角"。

如下图所示，从高处发球时入射角大，弹到对方球台比较高，容易受到对方接发球的攻击。发正手上旋球，对方很容易回球，所以要注意对手很可能会反攻。

那么在击球时，可降低位置缩小击球的入射角，使球紧贴球网过网，给对方回球增加难度。

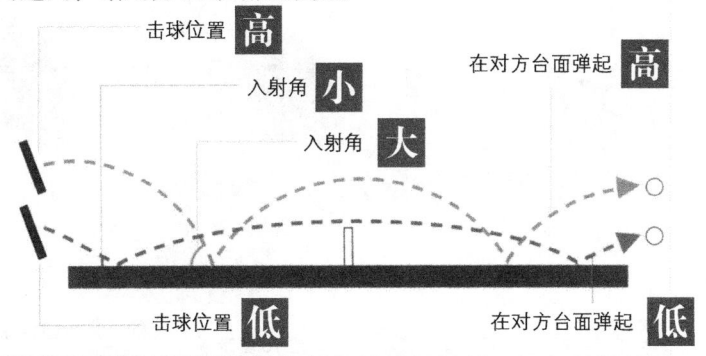

击球位置 **高**　　入射角 **小**　　在对方台面弹起 **高**

击球位置 **低**　　入射角 **大**　　在对方台面弹起 **低**

用假动作发旋转球

正手发球

以发旋转球为主，配合快速的长球进攻，这样可以出其不意，达到使对方措手不及的效果。

但是，如果出现被对方识破"我要发长球进攻"的局面，会让对方有所防备，在接发球时伺机反攻。

后面，我们要讲述一些发弧圈球的技巧，在掌握了这些技巧之后，我们可以进行一些挑高球练习和弧圈球的短球练习。

在最大限度地发挥了长球的速度优势之外，还要给对方施加一种压力，即"不知道对手会发来什么样的球"，这样的压力在比赛中会给自己创造很大的心理优势。

6 正手发下旋球

发旋转球的基本方法

1 持球手手掌张开

2 抛球至 16 厘米以上

3 撤回持球手，身体重心移到后脚

【左手持拍情况相反】

在发旋转球的各种方法中，最基本的是下旋球的发球方法。

发下旋球时球速较慢，但由于对方的接发球有一定难度，所以可以在熟悉对方发球方法之后进行连续对打。

4 使球拍水平，在低处处理球

5 把球拍拉到身体一侧在身体侧面搓球底部

6 让球在近网处弹起

7 正手发下旋球的要点

注意要切削球底部

重心移动

重心移动到适当位置

我们在"正手发球的要点"中提到过,在向后引拍时,重心要移到后脚(右手持拍的右脚、左手持拍的左脚)上。

球抛起后落到身旁时,要配合球拍的动作,使重心逐渐移到另一只脚上。在击球时,重心要完全转移。

【右手持拍的重心移动】

1 向后引拍时,重心移动到右脚

2 重心随着动作平移

3 击球时,重心移到左脚

切削球时不要用球拍正面挡球

使球拍弧线运动，切削球底部

在发下旋球时，关键是不要去正面挡球，而是从球的底端去"切削球"。

如图所示，球拍弧线运动，注意要切削球的底部。如果竖直球拍去击球，就无法达到使球旋转的效果。

想要发出强而有力的球，重点是让球拍选准击球的部位。灵活运用腕关节，以腕关节为中心旋转球拍。但是，如果击球位置离腕关节太近，会降低球的旋转速度。因此，最好是用球拍的顶端击球，这样旋转效果最好。

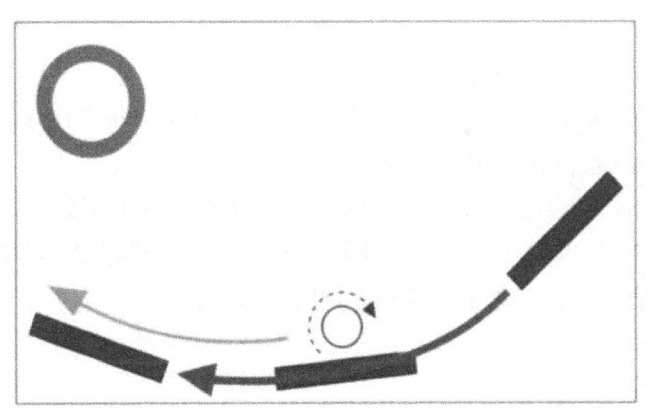

从球底部切削球

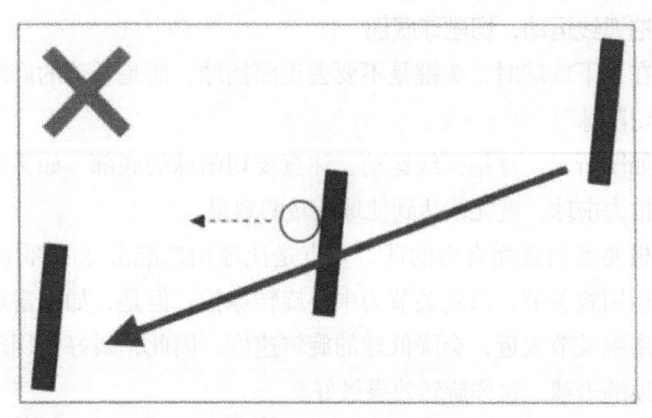

如果采用"按压"的动作击球，就很难打出旋转球

注意力不要只集中在球上

无论采用什么样的发球动作，如果注意力完全集中在球上，就不能迅速为下一动作做准备。

发球归根结底只是"第一球"。对方会如何回球（接发球）、自己该如何进攻（第三球），我们应该带着这些问题去思考打球的技巧。因此，在发球后应该立刻回到基本站位。

| 1 | 发球后的状态 | 2 | 右脚迅速撤回
（左手持拍者） | 3 | 挺直背部身体还原 |

8 正手发侧旋球

使球拍像钟摆一样运动

1 将球放在掌心上

2 和发下旋球一样，把球抛到 16 厘米以上

3 球落下时向后引拍

【左手持拍者】

发侧旋球对于初学者来说难度较大。但是，由于这种球的接发球也很困难，所以掌握之后会成为有效的进攻技巧。

右手持拍者一般正手发右旋球（从上方看球是顺时针），左手发左旋球。

发侧旋球的要点是，以肩和肘关节为重心，使球拍像钟摆一样摆动，在击球瞬间，球拍顶端向侧下挥动。

| 4 移动重心 | 5 击球时拍面向下 | 6 灵活运用腕关节，在身体正面削球 |

9 正手发侧旋球的要点

牢记钟摆的动作和击球的位置

球拍像钟摆一样运动

发正手侧旋球的要点是要让球拍像钟摆一样运动。利用球拍自身的重量，顺势摩擦球的侧面，灵活运用球拍。

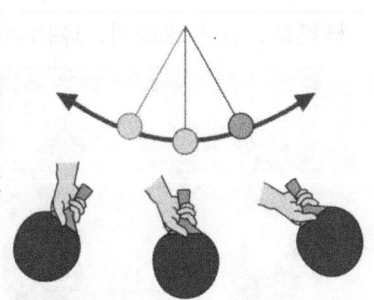

击球位置不同，导致球的旋转不同

在发侧旋球时，可结合下旋球制造出"侧下旋"，也可以结合上旋球制造出"侧上旋"的效果。

也就是说，这三种侧旋球只是由于触球的位置不同，因此同一个动作可产生三种旋转效果。

如图所示，使球拍如"钟摆"一样摆动，在下降过程中触球形成侧下旋，在抬起过程中触球形成侧上旋。

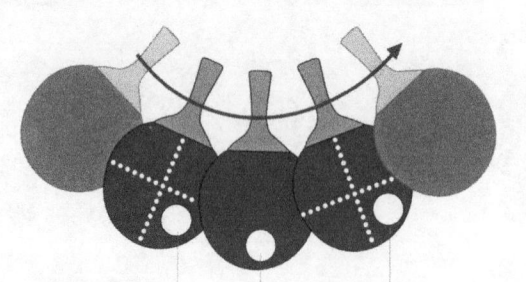

撞击这里形成侧下旋

撞击这里形成侧旋

撞击这里形成侧上旋

专题 3　单人进行发球练习

1　抛球练习

要想将球笔直地抛起其实很困难。这不仅需要用手,还要利用肘关节的柔韧性,配合肘关节的屈伸动作,才能将球笔直抛起,再使其笔直落下。可利用墙上的直线作为参照物进行练习。标准高度是 16 厘米,因此,没有必要抛得过高,找到适合自己的高度即可。

2　击打球台上标志物进行练习

在对方球台上放球拍或者饮料罐等标志物,练习发球撞击标志物。可以自己决定标志物的位置,也可以让别人来放置标志物,尽可能尝试各种各样不同的练习。标志物越小,难度也越大。发球后,看清球的路线很重要,但是,切记要迅速回到基本姿势。

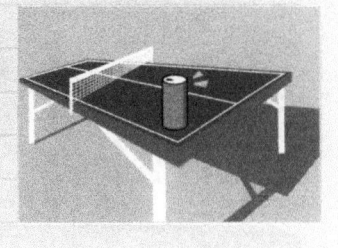

3　利用地板练习发旋转球

下面,让我们离开球台,练习向地板上发球。球弹起后,如果是下旋球就会向自己方向弹回,如果是侧旋球就会随着触球部位的不同分别弹向不同的侧面。

通过这些练习可学会发各种旋转球。因为没有对手在场,所以有足够的时间可以好好思考和体会如何发好各种旋转球。

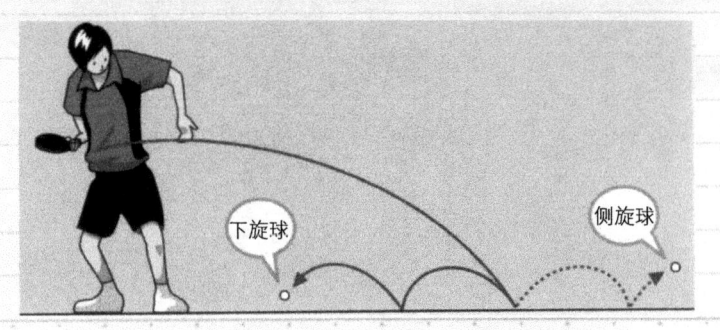

10 反手发下旋球

以持拍手一侧的脚为轴旋转

1 持球手准备抛球

2 抛球后持球手还原

3 重心移到持拍手一侧的脚上

4 重心慢慢移到另一只脚上击球

5 挥拍时用力收回肘关节

6 身体随球势转向正面

反手发下旋球和正手发下旋球一样，重点是做到切削球底部。但是，发正手下旋球时，重心由持拍手一侧的脚后跟向前脚掌移动，反手下旋球是以持拍手一侧的脚为轴旋转身体。

球拍倾斜至水平

挥拍时要利用肩关节和肘关节发力，尽量将球拍倾斜接近水平，因为角度小所以能加大挥拍力度。如果球拍旋转幅度较大，那就不是切削球，而是击球，这样就不能发出漂亮的旋转球。

以持拍手一侧的脚为轴转动身体

在反手发球时，关键是身体重心的移动。反手挥拍时，重心移到持拍手一侧的脚上（图片是左手持拍的情况）。

在右脚靠近时，重心完全移到左脚上。
挥拍时，重心完全移到另外一只脚。以持拍手一侧的脚为轴，旋转身体。

重心移到持拍手一侧的脚上　　挥拍的同时要旋转身体

迅速提高乒乓球技巧

11 反手发侧旋球

击球时拍头向下

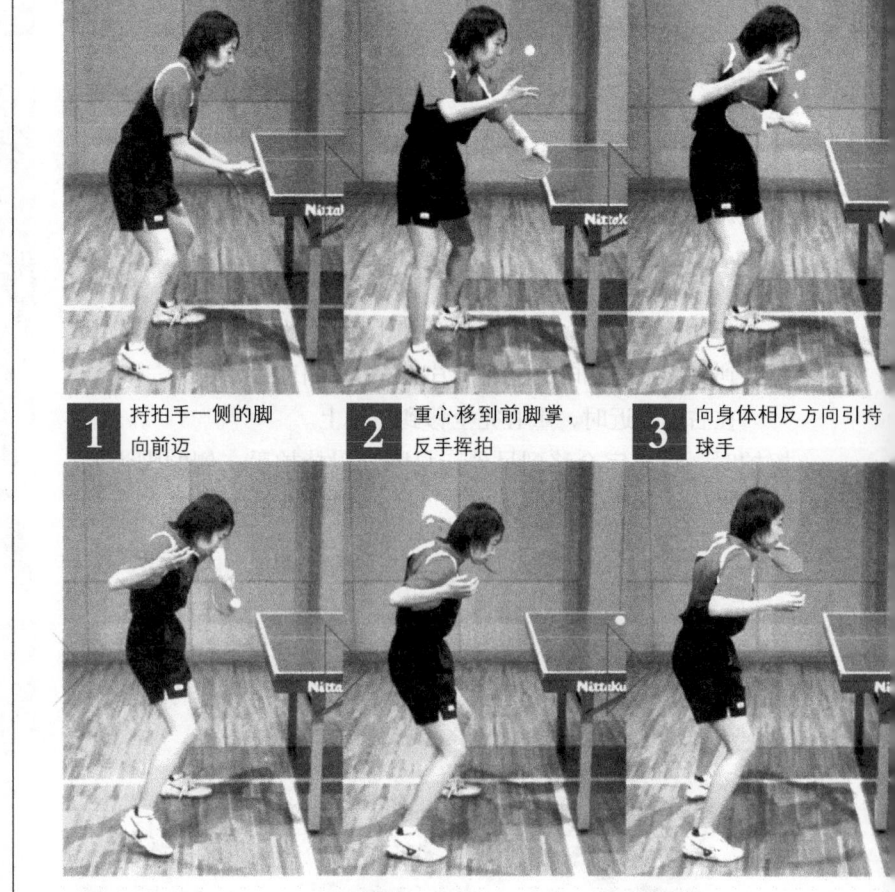

1 持拍手一侧的脚向前迈

2 重心移到前脚掌，反手挥拍

3 向身体相反方向引持球手

4 拍头向下击球

5 肘关节向上抬

6 迅速回到基本站位

反手发侧旋球和正手发侧旋球一样，都要使球拍像钟摆一样运动来挥拍。但是，反手侧旋挥拍比正手侧旋挥拍幅度小，因此，需要抬起持球手以便在身体前面创造足够的空间。

持球手有意识地拉向身体侧面

由于反手侧旋发球是在自己身体前面挥拍，没有正手侧旋球的挥拍幅度大。所以持球手应放到身体侧面，为挥拍动作创造足够空间。

整体感觉是耸肩，双臂交叉于胸前，然后双肩向后收拢，并且张开，肩胛骨并拢。

球拍上抬

在反手发侧旋球时，球拍朝下竖起挥拍会产生爆发力。如果球拍放平，面朝上，就变成了下旋球的打法。

持拍手的肘关节要尽量抬高，用力挥拍。和反手下旋球相比（P59），最明显的不同就是肘关节要高高抬起。

反手发球动作易于掌握，虽然现在这种发球方法已很少使用，但如果练好发球的长短和路线，也能为进攻做好充分准备。

第三章 发球和接发球

12 摆短接发球

球落对方球台近网处

摆短接发球是指对方发球后，快速回弧线低，且落在对方球台近网处的球。球的前进力小，往往令对方很难上手抢攻，用来还击近网下旋来球很有效。

摆短接发球主要在应对下旋球和侧旋球发球时使用。拍面朝上，掌握好球弹起的时机，球拍轻轻击球，刹住球势。

【从斜侧看】

1 持拍手同侧脚迈向球台下方

2 身体尽可能贴近球

【从侧面看】

待球弹起后轻轻击球

摆短球的要点是要刹住球势。因此要注意球触台面的时机。预测球弹起的位置再出拍。球刚弹起时，不要急于出拍，要用球拍轻轻击球以便刹住球势。如果击球点靠后，则球弹起过高，会导致回球的距离过长。

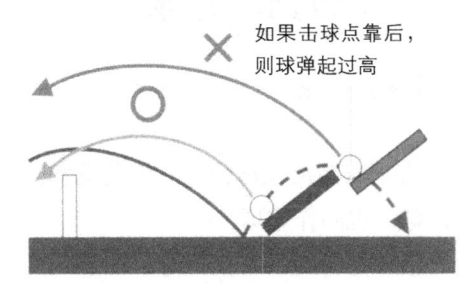

如果击球点靠后，则球弹起过高

球弹起后抓住击球时机

3 球弹起后抓住时机，轻轻击球，刹住球势

4 球拍基本保持不动，迅速还原

13 拨打接发球

台上拨短球

拨短球是指在球台上,以前臂和腕关节为中心,紧凑有力地回球。也叫作挑球。

拨球是针对对方的短球积极进攻的技术。这种打法很容易得分,同时也很容易出现失误。为了降低失误,应把握球在最高点弹起时击球。

【正手拨球】

1 分清球旋转的类型,挥拍

2 持拍手一侧的脚向前迈出,身体靠近球

【反手拨球】

1 根据球弹起的高度向后小幅挥拍

2 腿向前迈到准确位置

把握球弹起的最高点

因为"拨"也有"挑"的意思，所以挑球也是指把球拨回。球弹起后按直线运动，所以应把握球弹起的最高点触拍，这样会减少失误。

关于球拍角度，如果是侧下旋球或下旋球，球拍应稍稍上抬；如果是侧上旋或侧旋球，球拍应保持垂直。

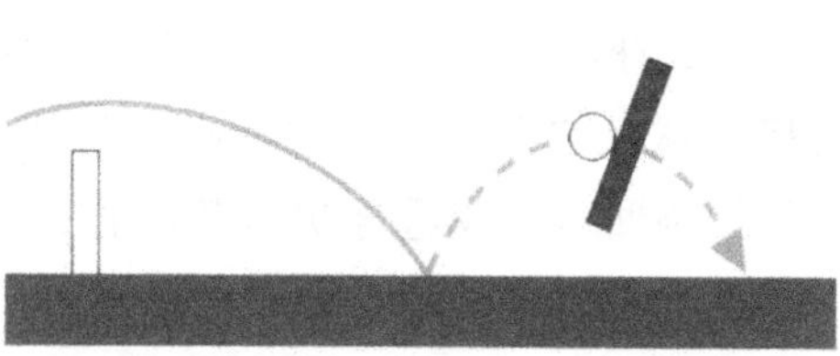

瞄准球弹起的最高点

| 3 | 瞄准球弹起的最高点击球 | 4 | 使用前臂和腕关节快速挥拍 |
| 3 | 手腕瞬间发力将球拨回 | 4 | 身体俯向台面，迅速挥拍 |

第三章 发球和接发球

14 侧旋球的接法

顺势与逆势的接法

　　侧旋球的接发球对于初学者来说困难较大。应对侧旋球的接发球有"上旋"和"下旋"两种。"下旋"比较稳定，容易控制回球，较适合初学者。上旋的回球方法比较难，对于技术水平高超的运动员来说是必备的技术，也是一种很有效的回发球。

【上旋球的回球（左旋的接发球，左手持拍适用）】

1 看清是何种旋转球

2 配合旋转调整球拍角度

3 放松，球拍随着旋转滑至平行

4 击球瞬间不要过于用力

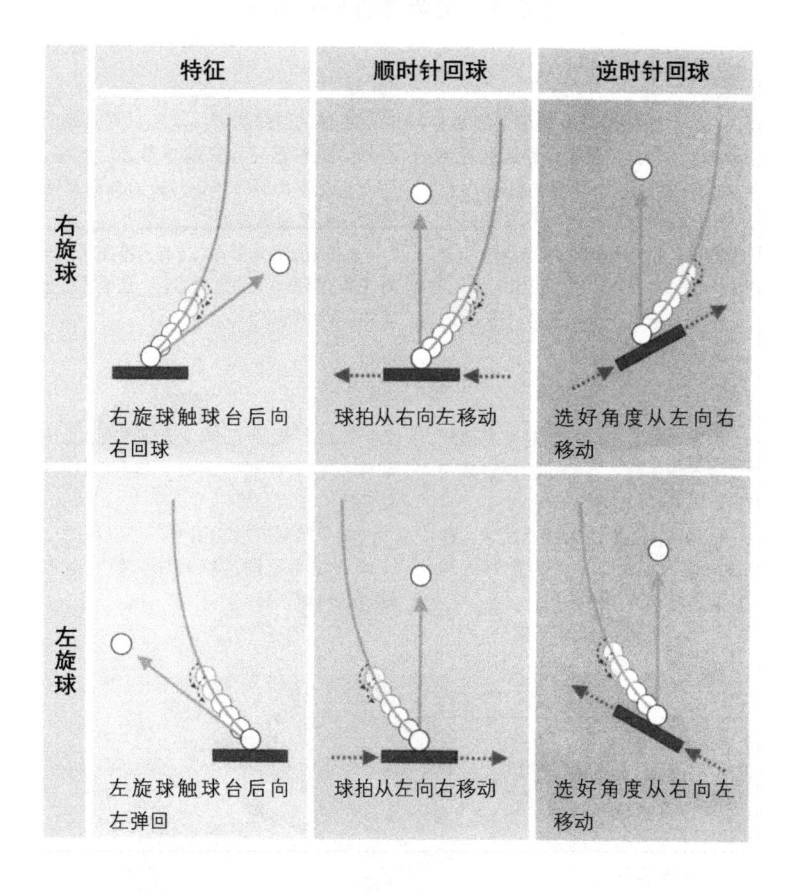

特征	顺时针回球	逆时针回球
右旋球	右旋球触球台后向右回球	球拍从右向左移动	选好角度从左向右移动
左旋球	左旋球触球台后向左弹回	球拍从左向右移动	选好角度从右向左移动

顺时针旋转球

顺旋球接发球是将球拍顺着球旋转的方向滑动，利用要改变球旋转方向的力度去回球。触拍力度大时，球容易弹飞，这点需要注意。

力度相对大的逆旋球

逆旋球接发球时，球拍朝下采取与球拍旋转方向相反的角度，向反方向回球。回球时，要使球旋转的力度大于对方的来球力度。

专题 4　发球时的 5 个要点

1　控球

虽说旋转球对力量要求较高，难度也很大，但如果击球路线被对手猜中，则很容易给对方创造进攻机会。因此，发球时一定要尽量给对方制造困难，这也是控球的目的性和必要性。

对准自己瞄准的方向，准确发球。

2　旋转

球的旋转类型决定了对方回球的路线，这样就可以靠发球得分。但是，有时自己发出旋转球，对方回球后反而给自己制造接球困难。

发出的旋转球会得到怎样的接发球，针对这样的接发球又将怎样回球，这些技巧一定要牢牢掌握。

3　速度

发球的速度越快，越容易造成对方接发球失误。我们可以通过练习来提高接发球的球速。

有时候，也要加入慢速发球，通过快与慢的配合，才能打乱对方思路，这是战术运用的技巧。

4　动作

如果过于自信，无论任何发球动作都容易让对方识破，容易让对方钻空子。

为了给对方增加困难，可以用同一个动作发出不同的旋转球，如"逆旋球、长短球"等。

5　时机

如果每次都选取相同的时机发球，就很容易让对方识破你的意图，也就很容易上对方的当。那么发球时应尽可能打乱对方思路。但同时一定要注意遵守比赛规则。

第四章

基本打法

1 正手旋转球

打出快而有力的上旋球

1 斜拍向下拉，右肩用力向后引拍

2 利用向后引拍的力量，向前挥拍

这种打球方法叫作正手旋转球。瞄准球的上半部，用球拍向上摩擦球，所以回球路线较稳。对于低于球网的球也可伺机进攻。

这种技术可以打出速度快而旋转度大的球，所以在现代乒乓球运动中得到了广泛应用。这也是创造得分的重要技术，所以我们应当好好掌握。

3 身体稍前倾。击球瞬间，持拍手加大握拍力度

4 充分扭转腰部，球拍挥至身体左侧

2 正手旋转球的要点

使用全身力量挥拍

　　为了打出有力度的正手上旋球，关键是使用全身力量去挥拍。持拍手一侧的肩部用力，腰部扭转到位，重心完全移到持拍手一侧的脚上，这时用持拍手去找球。同时，用身体内部积攒的全部力量去挥拍。

- 球拍正面朝下，并向斜下方引拍（以腰部高度为标准）
- 左肩充分用力
- 腰部扭转到位
- 两脚尽量岔开

错误动作

切忌挥拍幅度过小

　　如果挥拍动作过小，则上旋球力量不够，这是经常容易犯的错误。腰部要扭转到位，球拍要挥到自己身体的左侧。在此基础上争取减少失误。如因害怕出现失误，而动作过于保守，则不利于提高击球技术。

击球瞬间腕关节要加大力度

　　虽说击球的基本动作要求轻柔灵活地握拍，但为了使击球有力度，在击球瞬间持拍手一定要发力，特别是拇指和食指要用力，这样击出的球才会强而有力。

3 反手旋转球

打快速上旋球创造得分

| 1 | 观察来球，蓄势以待 | 2 | 球拍背面向斜下方倾斜 |

用反手打快速上旋球的方法叫做反手旋转球。和正手旋转球一样，也是速度快且球旋转度大的一种打法，这是争取得分的重要技巧。

另外，当运动员离球台较远时仍可以使用这种技术，所以使用范围非常广泛，应当好好掌握。

第四章 基本打法

| 3 | 右臂向外侧扭转、挥拍，用球拍上部击球 | 4 | 瞄准球的上半部，以肘关节为支点用力挥拍 |

4 反手旋转球的要点

快速转动球拍顶端

尽快旋转拍头

腕关节和肘关节向内侧转动

用球拍上部迅速回球

腕关节转动到位，挥拍时球拍上部面向对手

用持拍手的肩部发力

反手挥拍虽然动作很稳，但动作幅度过小，无法准确到位。为了打出有威力的球，应该肩部发力，以加大挥拍的力度。

击球时，球拍保持水平

在击球瞬间，球拍几乎保持和地面平行，然后用力将拍压向斜上方挥拍。同时注意挥拍时不要自下而上去摩擦球。

5 正手扣杀

转动腰部使出全身力量

扣杀是指直接挥向对方球台的"致命一球"。在乒乓球比赛中，这种打法是决定胜负的关键。

为了提高击球的准确性，要充分转动腰部，用持拍手控制身体的平衡，使出全身力量向后引拍。

1 观察来球，大幅度向后引拍

2 高抬球拍，左肩发力，腰部充分扭转向后引拍

击球时，身体腾空跳起

扣球时为了能够加大力度，应全身发力，并且要快速扭转身体。重心移到右脚，右脚蹬地，左脚上抬，向后引拍。如果右脚始终不离地面，则身体的灵活性会有所降低，所以击球时，身体要尽量腾空跳起，这一点需要特别注意。

3 持拍手收回，腰部动作还原，开始击球

4 重心边移到左脚，边使用全身力量挥拍，全力向对方球台扣杀

第四章 基本打法

6 扣杀高球

像抛球一样向下扣球

　　是一种应对对方高球的回球方法，也叫作"扣杀高球"。为了让球在自己的球台上高弹，可模仿棒球投手的动作向下扣球。

　　如果未掌握正确的动作，就无法稳定击球点，也容易增加失误，因此，首先应当打好基本功。

1 高抬非持拍手，向后引拍

2 高抬球拍，利用持拍手调节身体平衡，开始挥拍

高抬非持拍手

扣杀高球的要点是在球弹至最高点时，高抬非持拍手，充分利用持拍手向下挥动的力量向下扣杀。此时持拍手动作到位，扣球动作就极具爆发力。

3 用尽全力向下扣球

4 身体转动到背对对手

7 反手扣杀

高抬持拍手和非持拍手

　　反手扣杀是一种应对反手方向来球进行回球的方法，也叫作"反手扣杀"，主要应用于高球。

　　这是反手技巧中最具威力的打法，所以要好好掌握。

1 观察来球，开始向后引拍

2 持拍手一侧的肩膀向前探出，并含胸

高抬非持拍手，含胸

非持拍手要高于持拍手，含胸，胸前留出一定的空间来挥拍。而且，击球时张开两臂能够使打出的球更具威力。如果非持拍手位置偏低，就难以保证球的稳定性，无法打出有威力的球，这一点需要注意。

3 根据来球的速度开始挥拍，持球手挥向侧面，此时击球

4 重心移到前脚，一气呵成完成扣杀

8 正手挡球

可阻挡有威力的球

阻断对手发来威力较大的球叫作"挡球"。并不是所有的球都能够成功挡回，而是针对在距球台较近的位置上抵御对手的进攻时使用。如果掌握了这个技巧，就不必担心陷入被对手紧逼的局面，同时也可扩大击球的范围。

1 观察对手，预测其如何回球

2 注视来球方向，尽早出拍

身体尽量迎向来球

对于远处飞来的球，要尽可能用身体去迎球。如果只是去调整球拍的角度，则难以稳定地回球，这一点需要注意。

| 3 | 击球时要注意调整肘关节的角度，以防止对手来球力量较大时被压倒 | 4 | 挥拍动作自然停止 |

9 反手挡球

采取正确的出拍角度

用反手来阻止对方进攻的技术叫作"反手挡球"。为了防止被对手发出威力较大的球所压倒，应当选取正确的出拍角度，用身体正面去迎球。

这是比正手挡球使用几率更高的一种技术，所以要反复练习牢牢掌握。

1 观察对手，预测如何出拍

2 预测球弹起的位置，准备出拍

竖起球拍，用身体正面应对来球

为了更好地发挥反手挡球技术，关键要用身体正面去迎球。另外，为了不被对手的强势所压倒，竖起球拍顶端，要点是击球时要用拍去盖球。

3 为了不被对手力量较大的来球所压倒，正确选取球拍的角度，用身体的正面去应对

4 挥拍动作自然停止

10 搓球的应对方法

下旋球进攻的应对方法

发下旋球进攻的应对方法也叫作"搓球的应对方法"。在"搓球的打法"中主要应用主打上旋球的"弧圈球打法"和"大角度球的打法"。

搓球是将下旋球放低、放短的一种回球,所以进攻起来十分困难。如果对搓球能够稳定还击,可以说对于初学者来说是一个突破。

1 观察来球的旋转方式,腰部放松

2 找准时机向后引拍

旋转球和推挡的打法

应对搓球的打法有"旋转球"和"挡球"两种技巧。"旋转球"主要用于应对旋转幅度大的搓球，球拍对准斜上方摩擦球侧面。"挡球"多用于应对旋转幅度小的搓球。无论哪种打法，都应在球弹起的最高点挥拍击球。

旋转球的挥拍方法

推挡球的挥拍方法

3 用旋转球来找准进攻时的球拍角度，在球弹起的最高点挥拍

4 灵活运用肘部，边伸展肘部边向后引拍

专题5 关于挥拍的幅度

提高乒乓球技术的方法有很多,其中一个很关键的要点是如何区分挥拍的幅度。对于短球可以利用腕关节做支点来挥拍,处理远离球台的长球时,要以肘关节或肩关节为支点挥拍,身体的各个部位要随着整体局面的变化而进行调整。

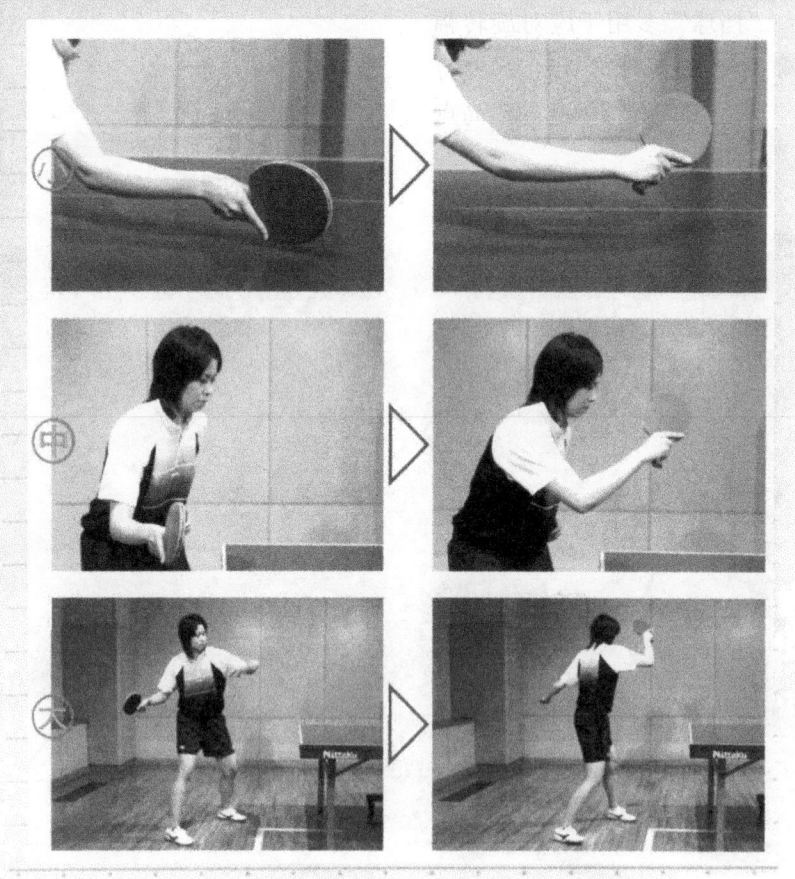

第五章

实战应用中的综合打法

1 正拍和反拍的交替

交替使用两种技术

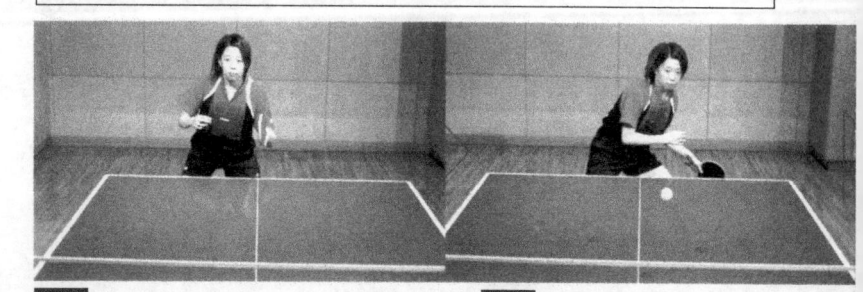

1 保持基本姿势,观察来球

2 对准正手位的球,向后引拍

5 迅速回到基本姿势,观察来球

6 对准反手位的球向后引拍

9 对准正手位的球向后引拍

10 用正手回球(以下重复此动作)

在这一章，主要学习如何将学过的各种打法和技术综合起来进行应用。首先是正拍和反拍的综合练习，即"正反拍交替练习"。

开始练习时，可以让对方分别放慢速度用正手发球和反手发球。当接球熟练、动作连贯后，可以提高速度，练习快速接发球。

3 找准击球点，击球

4 用正拍回球

7 用反拍回球

8 迅速回到基本姿势，等待

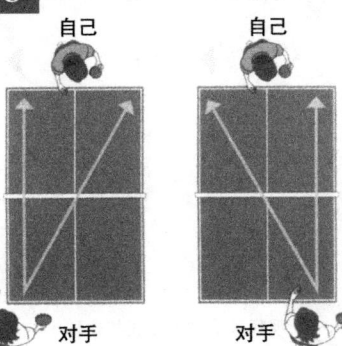

练习方法　练习时，让对方分别用正拍和反拍各发一球，然后自己用正拍和反拍交替接球。为使接球的路线中不出现死角，练习时要不断变换发球者的位置。熟练后，正拍发2球、反拍发1球，使练习多样化。

2 左右步法

运用此步法可扩大身体活动范围

1 对准正手位的球向后引拍

2 在正手位用正拍回球

5 形成正拍击球姿势

6 在反手位用正拍回球

9 观察来球并准备正拍击球

10 对准正手位的球向后引拍（以下反复进行）

掌握基本动作以后，身体在移动中也可以进行此项练习。所以，应当多进行步法练习。

首先，进行左右步法练习。正拍击球多运用此步法。

双脚反复左右移动，在最佳击球点挥拍击球。

3 迅速回到基本姿势，开始向反手位移动

4 脚蹬地板，平行移动

7 迅速回到基本姿势

8 脚蹬地板开始向正手位移动

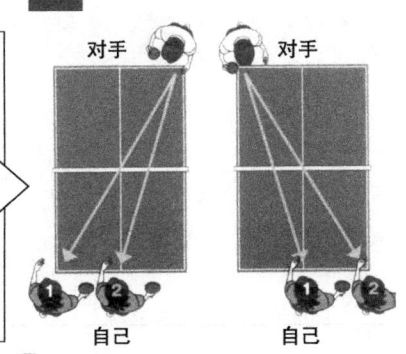

练习方法 开始时，让对方把球打到己方球台中部位置。脚步移动要准确到位，身体保持平衡。熟练掌握此动作后，可扩大击球的范围，并能快速接球。

第五章 实战应用中的综合打法

3 前后步法
运用此步法可应对长短球

1	保持基本姿势，观察来球
2	对准短球向后引拍
5	脚蹬地板身体向后移动
6	形成正拍进攻姿势
9	脚蹬地板，身体向前移动
10	对准短球，准备正拍回球（以下反复练习此动作）

为应对长球和短球，击球时不仅要左右移动身体，还要做到前后移动。在这节中我们将介绍"前后步法"。

让对方分别发长球和短球，一边注意引拍的幅度，一边应对对方来球。

3 正手挥拍动作要紧凑到位

4 迅速回到基本动作，准备应对下一个球

7 加大身体动作幅度，大幅度挥拍回球

8 迅速回到基本动作

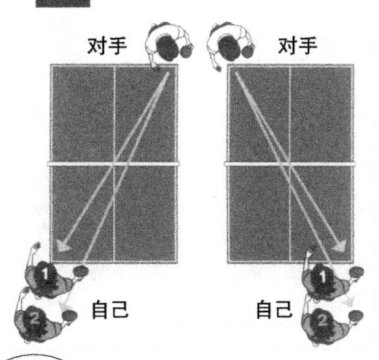

练习方法 让对方分别交替发长球和短球。根据距离球台的远近灵活掌握挥拍的幅度。在进行正拍练习的同时，也要练习反拍的前后移动步法。

第五章 实战应用中的综合打法

4 三点走位步法

运用此步法应对中路来球

1 对准正手位的来球向后引拍

2 在正手位用正拍回球

5 在场中央用正拍回球

6 迅速回到基本姿势

9 迅速回到基本姿势

10 开始向场中央移动（以下重复练习此动作）

以下为正手位、反手位、中路的"三点走位步法"。让对方分别从正手位、反手位、中路发球，然后慢慢移动身体练习用正手回球。

熟练之后，让对方从正手位发球，做"扑球"练习，然后再让对方从反手位发球，做"弧圈球"练习，经过反复练习，可掌握该基本动作。

3 迅速向中心线移动，回到基本姿势

4 形成正拍姿势

7 形成正拍姿势

8 从反手位用正拍回球

练习方法 让对方按照这样的顺序来发球：①正手位→②中路→③反手位→②中路→①正手位，再运用各种正手打法去回球。通过反手和正手的交替练习能够增加运动量、提高练习质量。

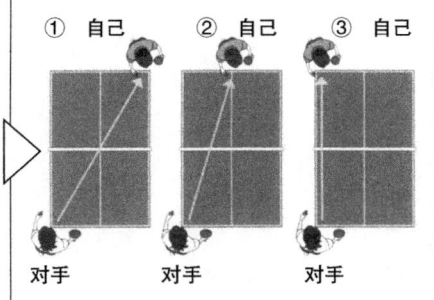

① 自己　② 自己　③ 自己

对手　　对手　　对手

第五章　实战应用中的综合打法

5 正手三点连续走位攻（1）

在三种步法练习的基础上加入正、反手练习

1 从正手位用正拍回球

2 迅速向中路移动，回到基本姿势

5 迅速向反手位移动，回到基本姿势

6 形成反拍姿势

9 向反手位大幅度移动

10 从正手位用正拍回球

以下为正拍和反拍交替应对来自正手位、中路、反手位的来球。首先，用正反手交替处理中路球。正手位动作幅度加大，难度有所提高，所以为了准确掌握此技术应进行反复练习。

3 准备用正拍回球

4 中路球用正拍回球

7 在反手位拨球

8 迅速回到基本姿势

11 迅速恢复到基本姿势

12 用正拍应对中路球（下面反复练习）

6 正手三点连续走位攻（2）

用反拍处理中路球

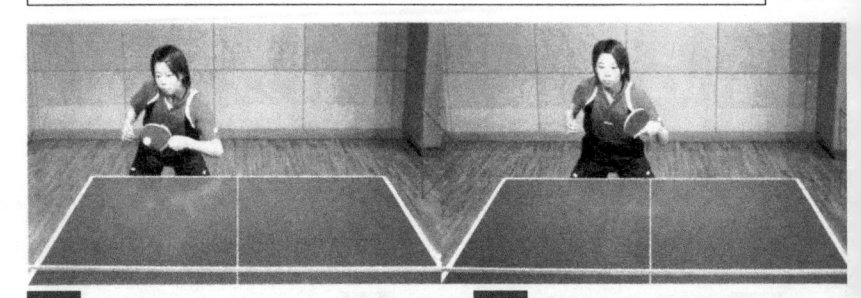

1 反手位来球用反拍回球

2 迅速恢复到基本姿势

5 准备向反手位移动

6 形成正拍的姿势

9 向反手位大幅度移动身体

10 反手位来球用反拍回球

以下介绍如何用反拍处理中路球。

在拉锯战中当从中路被进攻时，如果无法用正拍顺利回球，此时应及时转换到反拍回球。这个练习会起到非常重要的作用。

另外，此项练习也是从正手位向反手位的转换练习。

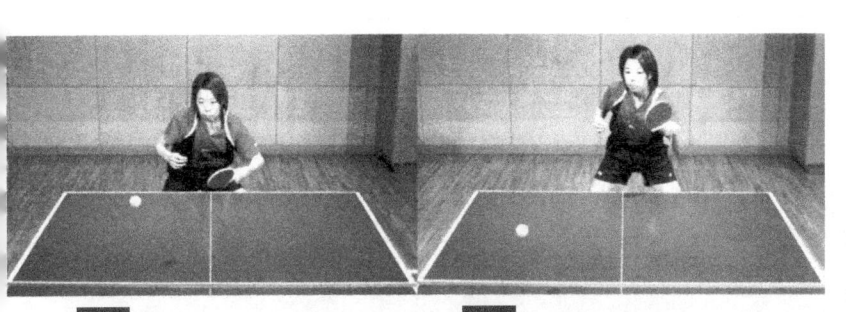

3 准备用反拍回球	4 中路球用反拍回球
7 从正手位用正拍回球	8 迅速回到基本姿势
11 迅速回到基本姿势	12 用反拍应对中路球

7 三点连续走位攻的动作要点

加大动作幅度应对中路球

对于横拍运动员来说,瞄准身体正中央的"中路进攻"是最难应对的。如果移动脚步,可以充分利用身体的移动来回球,但是,在实际比赛中一般没有充分的时间来移动身体。

这种情况下就要加大上半身的动作幅度。挥拍时平移躯干深深含胸。

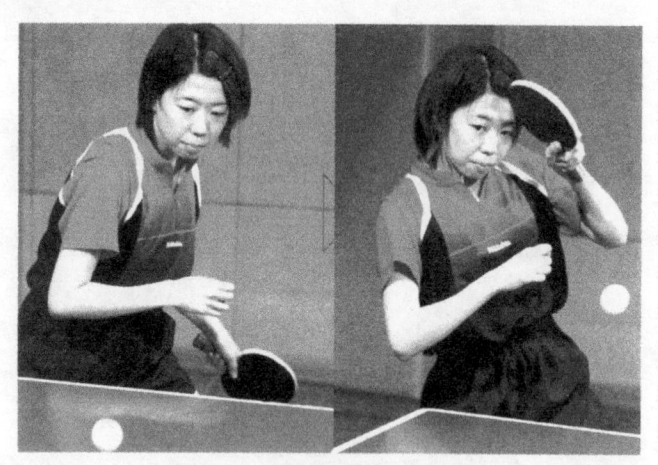

**练习方法
用正拍处理中路球①**

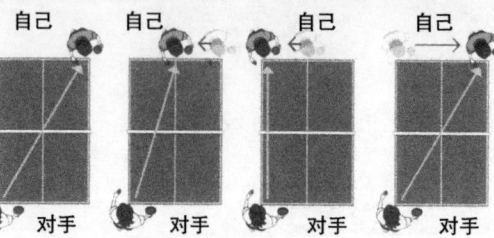

1 从正手位用正拍回球

2 中路球用正拍回球

3 从反手位用反拍拨球

4 从正手位用正拍回球(以下重复此动作)

向正手位大幅度移动身体

对反手位的球回球后，向正手位移动身体时的动作幅度较大，此时需要注意挥拍的动作保持平稳，不要错过最佳击球点。击球时，要灵活运用身体重心的转移来迅速地移动身体。

迅速回到反拍位置

在正手位回球后应立即向反手位移动身体。与向正手位移动一样，要利用正拍击球时的重心转移来快速地移动身体。

**练习方法
用反拍处理中路球②**

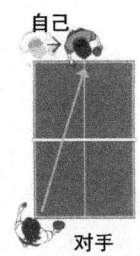

1. 从反手位用反拍回球
2. 用反拍处理中路球
3. 从正手位用正拍回球
4. 从反手位用反拍回球（以下重复相同动作）

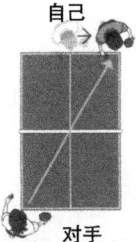

第五章 实战应用中的综合打法

8 第三球进攻（1）

发球—正手弧圈球

1 向上抛球，正拍发球

2 向对手反手位发下旋球

5 对方向反手位搓球

6 迅速移动到反手位

9 身体保持平稳，重心向后脚转移

10 快速回到基本姿势，准备向对方回球

在掌握了步法的运用和连续走位攻的步法技巧后，可加入一些实战演练。其中，最有代表性的练习是发球后如何应对对手接发球进行反攻。首先介绍一种当反手位来球时，如何用正拍反攻的练习方法。

3 快速回到基本姿势

4 观察对手，预测接发球

7 腰部扭转到位，准备用正拍击球

8 重心边移到前脚，边正手击打弧圈球

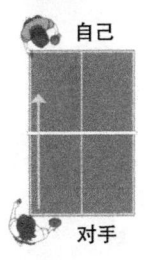

练习方法
发球—正手进攻

1 发下旋球

2 对手搓球

3 正拍弧圈球

第五章 实战应用中的综合打法

9 第三球进攻（2）

发球—反拍进攻

1 正拍发球，向上抛球

2 球落下时，削球底部

5 观察对方，预测接发球

6 对方向反手位搓球

9 身体保持平衡，挥拍动作到位

10 迅速回到基本姿势，准备向对方回球

以下为如何用反拍阻击对方的接发球。用反拍发球可增加进攻力度，就可以避免用正拍发球被对方阻截的危险，不论球从什么方向打来，都能够稳定地进攻，也能够扩大击球的范围。

3 向对方反手位前方发下旋球

4 迅速回到基本姿势

7 腰部放松，准备反拍击球

8 利用肘部保持身体平衡，反拍击打弧圈球

练习方法
发球—反拍进攻

1 发下旋球

2 对手用搓球回球

3 向对方中路反拍击打旋转球

10 第四球进攻（1）

反拍接发球—正拍进攻

1 对方向反手位前方发球

2 看清球的旋转类型和远近，准备拨球

5 对方向正手位发起进攻

6 准备从正手位击球

9 运用全身力量正拍扣杀

10 回球后身体保持平衡，准备接下一个球

以下为接发球开始的"第四球"进攻,即从反拍接发球转换到正拍进攻的类型。

比赛中,发球和接发球各占一半,只有接发球动作准确到位,才能为下次进攻赢取机会。所以,接发球的动作要准确、用力。

3 用反拍拨直线球

4 迅速回到基本姿势

7 观察来球,大幅度向后引拍

8 在最佳击球点击球

练习方法
反拍接发球
—正拍进攻

1 对方反拍发直线球

2 反拍直线拨球

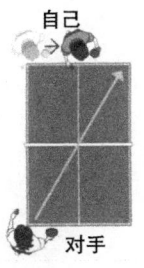

3 对方回斜线球

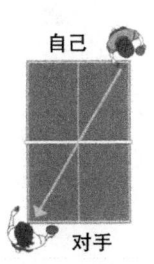

4 正拍斜线扣杀

11 第四球进攻（2）

正拍接发球—反拍进攻

1 对方向正手位发球

2 看清球的旋转类型和远近，准备拨球

5 迅速回到基本姿势

6 对手向反手位进攻

9 在最佳击球点击球

10 使用全身力量反拍扣杀

下面介绍从正手位挑球开始的反手进攻。在这个练习中，如果轻视对手，会让对方抢占先机，因此，在进攻时发球要有威力并且给对方施压。

第五章 实战应用中的综合打法

3 球弹至最高点时击球

4 正拍斜线拨球

7 准备反拍击球

8 观察来球，向后引拍

**练习方法
正拍接发球
—反拍进攻**

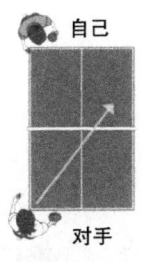

1 对方向正手位发球

2 斜线拨球

3 对手回直线球

4 反拍斜线扣杀

迅速提高乒乓球技巧

12 第五球进攻

在拉锯战中强化技术

1 正拍发球

2 回到基本位置,准备接发球

5 如果无法强攻扣杀时,改用正拍击打旋转球

6 迅速回到基本位置

9 正手向后引拍

10 在最高点击球

以下为"第五球进攻"。

进攻第五球是指从发球到第三球进攻瓦解对方战术,到第五球将对方置于死地。如果强行进攻的话,容易出现失误,所以应该采取第三球瓦解对方、第五球将对方击溃的战术。

这种训练方法适合中级以上水平的运动员。

3	对方向反手位搓球
4	准备正拍击打快速旋转球
7	观察对方的回球
8	向正手位移动
11	正拍斜线扣杀
12	迅速回到基本姿势,准备再次回球

13 实战练习

不规则球的应对方法

训练时，首先要确定发球的种类和路线。

当运动员还没有形成固定的习惯打法时，应该尝试在训练中加入一些变化，从而培养应变能力。

例如，①自己向对方正手前方发下旋球→②对手向斜线接发球→③准备直线击打正手弧圈球→④可以像这样进行实战练习。

在反复进行此类练习之后，即使面对各种突如其来的变化，身体也能自然做出反应。练习时，让对方按照事先确定好的路线发球，但如果出现"动作太快或太慢，行动太早或太迟"等情况就会降低训练的效果，这一点需要特别注意。

当球技有所提高，动作比较熟练之后，可以在训练中增加一些变化。例如，"对方发正手球，自己可进行截击，然后任意发球"，可以适当变换发球路线，循序渐进增加难度，可达到逐渐提高技术的目的。

最后，向渴望继续提高技术水平的运动员介绍一种"实战"的训练方法。"随机发球"在乒乓球术语里有"不规则发球"的意思。无论是击球的类型还是路线都是没有固定模式的，即由对方任意发球，自己随机回球。

这里将介绍一个简单的例子，即在进行实际发球、接发球训练时也可以穿插其他练习，使训练多样化。

例如

- 让对方向反手位发球，球弹起后用正拍击打弧圈球

- 让对方再次向反手位发球，自己再用反拍扣杀

- 让对方发弧圈球，开始拉锯战……

专题6　关于发球方法的思考

在比赛中，发球由双方交替进行。如果发球时动作平淡无奇，没有技巧，那就起不到任何作用，很难赢得比分。但是，如果发球时总是运用某种习惯的技巧，在一场比赛时间过半后，就会被对手识破，这样反而会成为被攻击的弱点。因此，日常训练中要多掌握几种熟练的发球技巧，在实际比赛中根据场上不同的情况，综合运用这些技术才是赢得比赛的关键。

在综合运用各种技巧时，关键是把球的"旋转""长短""路线"等因素交织在一起交替运用，例如，"向对方前方正手侧发回旋球""向对方反手侧远距离发下旋球"就是将两种发球交替进行。比赛时，可在前半场交替进行各种发球，用来辨别对手擅长和不擅长的技术。当比赛后半场进行到"决胜的关头"时，要抓住对手弱点，运用对方不擅长的技巧发球，这样就能达到意想不到的效果，最终赢得比赛。

进一步讲，在发球前不仅要考虑到对手的实际水平，同样要思考自己擅长的发球技巧。如果向对方发球时运用了自己不擅长的技巧，而且在第三球进攻时自己如果无法应对自如的话，就失去了进攻的意义。那么，如何运用自己擅长的进攻技巧来发球是比赛前值得思考的问题。

结合以上要点，总结出适合自己的独特发球方法，才是赢得比赛的关键所在。

第六章

双打

1 双打的基本规则

双打的特点是两人一组交替击球

交替击球

乒乓球双打规则最显著的特点是"两人一组交替击球",这与网球的一前一后划分有所不同。如果搭档发出的球被挡回,那么无论球的路线如何,自己都要积极回球。

如图所示,由 AB 组中的 A 发球,ba 组中的 a 接发球,那么就形成了 A→a→B→b→A→a……的拉锯战。

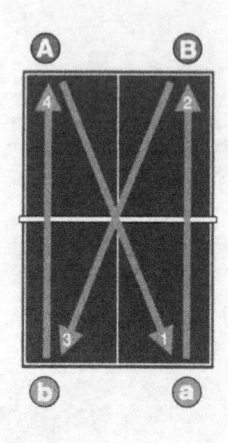

拉锯战的发球顺序

1. 猜拳决定发球方(图中是 AB 方)。
2. 在发球方中确定发球运动员(图中是 A 发球)。
3. 接发球方中确定最先接球运动员(图中是 a)。

4. 第二回合拉锯战中,原先接球方中选择一人在此战中发球(图中是 a)。

5. 第一回合中没有接到 a 回球的运动员(图中是 A)开始接发球。以后每一回合后都要重新组合。在整场比赛的情况下,在交换场地时要重新组合。

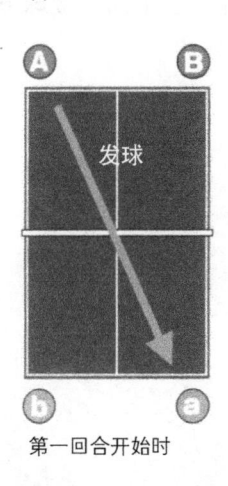

第一回合开始时

第二回合开始时(如果 a 发球,则 A 是接球运动员)

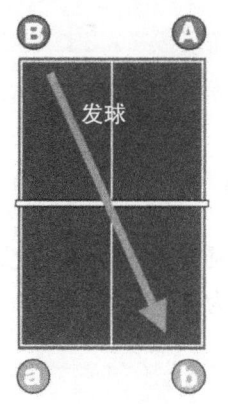

在第三回合开始时(如果 B 发球,b 就是接球运动员)

发球的路线

向对方球台右半面发斜线球

发球时，球必须先在发球者球台右半面（图①部分②）弹起，然后在接球者的球台右半面（接球方）再次弹起。另外，球在中线上弹起也为有效球。

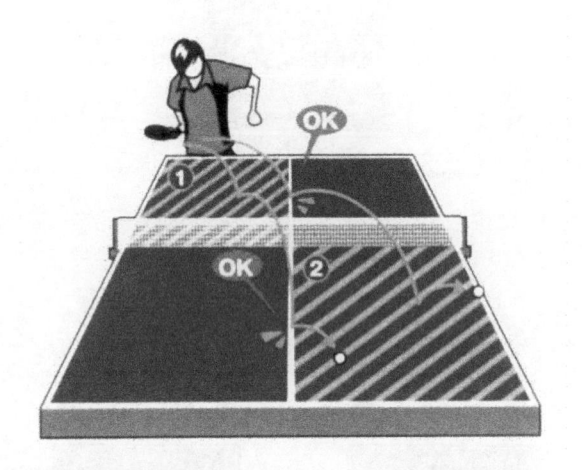

换发球

在比赛中，一方得两分后换发球。在换发球时，此前接球运动员变为发球运动员。

下图由运动员 A 发球、a 接球，所以换发球时，运动员 a 变为发球者，此前接 a 球的 B 变为接球者，形成 A→a→B→b→A→a……的发球顺序，在比赛中保持不变。

如果在比赛期间发现顺序错误，可以当即中断比赛（当前比赛重来），按照正确的顺序重新开赛，但此前得分有效。

在没有配合熟练时很难按顺序进行，但如果将比赛形式运用到训练中就更加容易掌握。

2 正手位的步法

基本要领是击球、躲避、还原

1. 击球

保持稳定的姿势击球。如果抱着"避免阻挡搭档,想快速躲开"的想法,边躲避边击球就很容易出错。

2. 躲避

击球后,为了不给搭档造成障碍,应该立即躲闪。但是,此时躲避的动作幅度不宜过大。即使搭档挥拍时动作幅度较大,此时也要尽量在最小范围内移动身体,这点要十分注意。

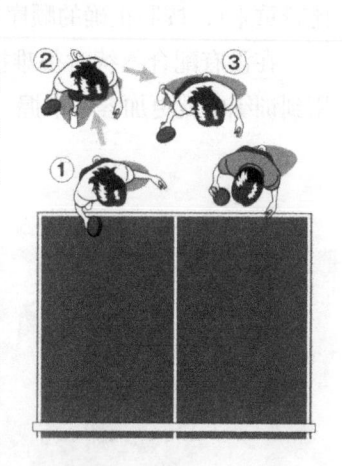

3. 还原

同伴打球时自己不要站在一旁无所事事,要一边预测对方的回球,一边准备下一个球,做好向最佳击球点移动身体的准备。

【向右转身】

1 A击球姿势正确,B在A背后伺机等候

2 A击球后,立即回撤,B准备上阵

3 B向前移动,A向侧后躲避

善于跑动的一方更占优势

"双打是靠两名队员轮番上阵，所以一名队员在打球时，另一名队员应当在一旁休息……"如果抱有这种想法就大错特错了。一般来说，自己发球的回球比较容易预测，但是搭档发出的球对手会如何回球却很难判断。而且，因为是两个人在配合打球，所以要时刻记住"无论如何不要成为搭档的阻碍"。

正因为是双打，所以动作应该更快，行动应该更早。

【正手位的动作方法】

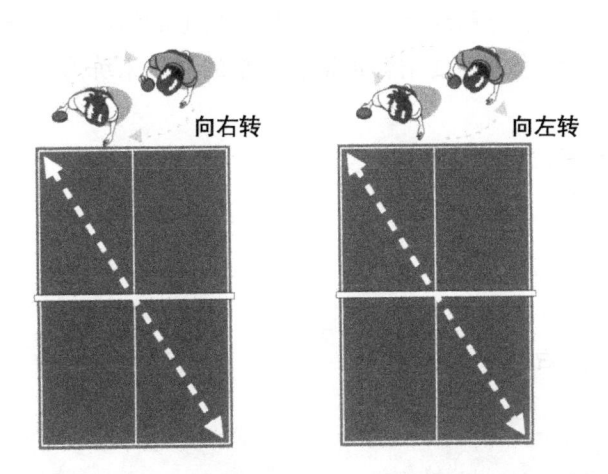

向右转　　　　　　　　　　向左转

4 B击球，A向B身后撤退

5 B击球后，准备躲避。A准备上前击球

6 B退后，A在最佳击球点击球（以下重复此动作）

3 反手位的步法

练习左转和右转

在"击球→躲闪→复位"这个过程中,"转身"的动作非常重要,反手位的情况也是如此。特别是在右手持拍者的组合中,要注意在身体移动的时候不要互相碰撞对方,因此需要扎实地练习"转身"这个动作。

向反手位移动身体时,要根据场上的情况,正确使用反拍和正拍击球。要结合正拍和反拍的使用来练习身体的右转和左转。

【在反手位转动身体】

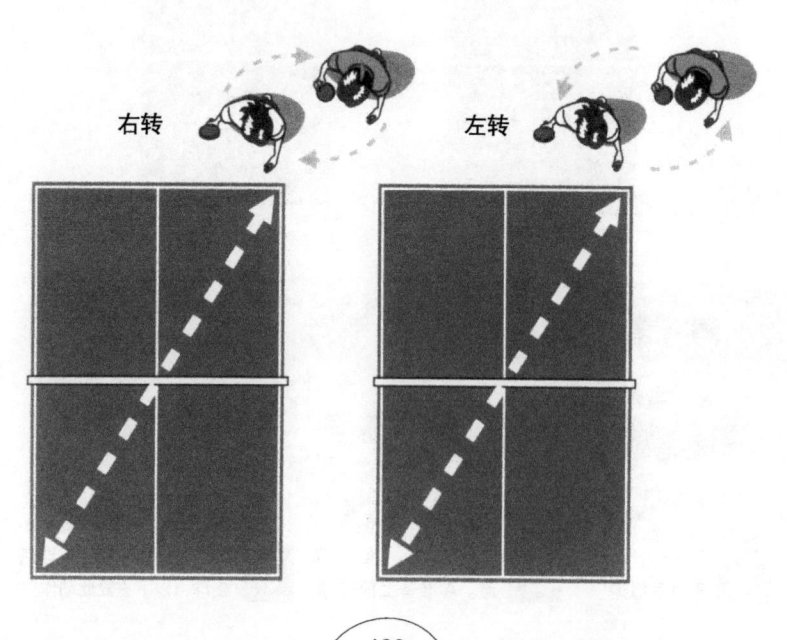

右转　　　　　　　　左转

【身体左转】

1. A击球，B在A的右后方做准备
2. A击球后，退到左后方
3. B上前。A进一步退后，让出足够的空间

1. B击球，B从A的身后退到右后方
2. B击球后，退到左后方。A从B的右侧进入准备状态
3. A准备击球（以下重复相同动作）

发球、接球时要考虑队友

双打比赛中，因为发球的路线是有规定的，所以很容易给接球的一方抓住反攻机会。因此发球时要特别注意提高准确率。

为了避免被对方强攻，最好的办法是发近距离下旋球。另外，从中路发球（靠近中心线）时，对方很难大幅度挥拍，这样可以有效降低被强攻的几率。

此外，发球时也应注意打乱对方注意力，这样可给队友提供机会。

在双打比赛中，胜负结果与接发球的质量有直接关系。因此，是否能在接发球中掌握主导权，也是决定胜负的关键。

如前所述，很多情况采取发短球，所以练习搓球、拨球等动作也是很有必要的。另外，长球练习也不容忽视。

4 双打的要点
如何成为优秀的组合

了解队友的优势和弱点

在双打组合中，即便两个人都是最优秀的运动员，可是当搭配到一起时，有时却未必是最佳的组合。换句话说，两个人的技术并不应该机械地叠加，而应当创造出 1+1=3、4、5……的效果，这样才能超常发挥，赢得比赛。

若想成为优秀的组合，首先要互相了解队友的优势和弱点，找到能够赢得比分的配合方式。

例如，如果队友很擅长反拍进攻，自己在接发球时，可采用直线回球，诱使对方击出斜线反手球。如果队友很擅长弧圈球，那么就可引诱对方击旋转球。这样能够为队友做好充分的准备，有利于发挥两人擅长的技术，同时能够合理控制比赛的节奏。

为对方回球制造困难

在双打比赛中，能够引诱对方失误也是很重要的得分手段，特别是可以利用"双打中两人交替打球"的特点，让对方两名队员的身体发生冲撞是很有效的干扰办法。

如图所示，"向同一路线连续击球"，这样容易使对方身体发生碰撞，出现失误。

但是，这样做的结果是对方也会向同一方向回球，所以两个人的配合非常关键。因此，为了避免比赛时的失误，在日常训练中，可在提高速度和反应能力方面多做练习。

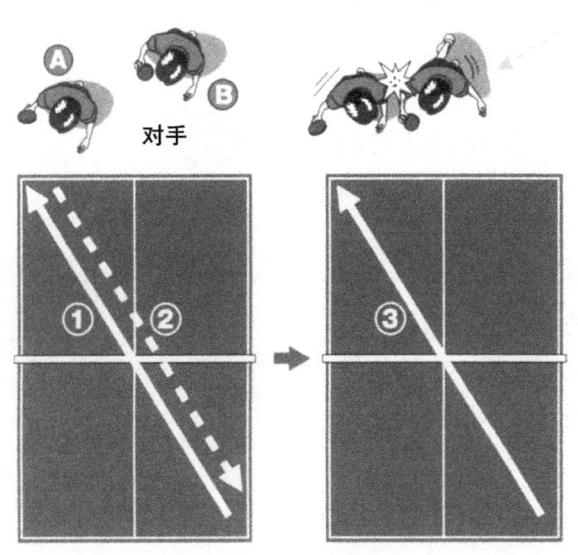

在 A 撤回之前，向 A 击球，此时容易引起 A 和 B 的碰撞

右手持拍者 + 左手持拍者的组合

在乒乓球比赛中，右手持拍者 + 左手持拍者是比较科学合理的组合方式。

在右手持拍 + 左手持拍组合中，如图所示，两人可以在球台两侧随时做好准备。无论哪个运动员都能够随时照顾到球台周围的情况，这样两个人的身体不容易碰撞。

而且，如果对手是右手持拍者，这样即使对方发球不利于右手持拍运动员接球，己方的左手持拍队员也可以应对自如，利用这个优势可赢得比分。

要把右手持拍 + 左手持拍的优势发挥到最大限度，就要遵循一个铁的规律，即"击球后立刻退到两侧"。

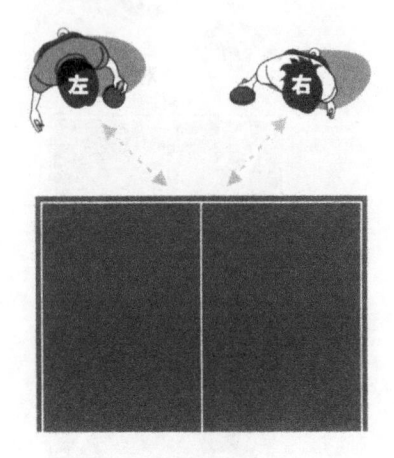

预测对手的回球路线

不同路线打出的球，回球的路线也不相同，在单打中，运动员一般都会作出这样的预测，在双打中更是如此，所以，能够揣摩出对方选手的思路是至关重要的。

例如，如图所示，①发下旋球时，如果能准确预测对方向②反拍回球的话，己方就可以尽早做好准备，争取得分。

在比赛中，如果能够做到准确的观察和预测，便可以找到对手的弱点，对己方也非常有利。

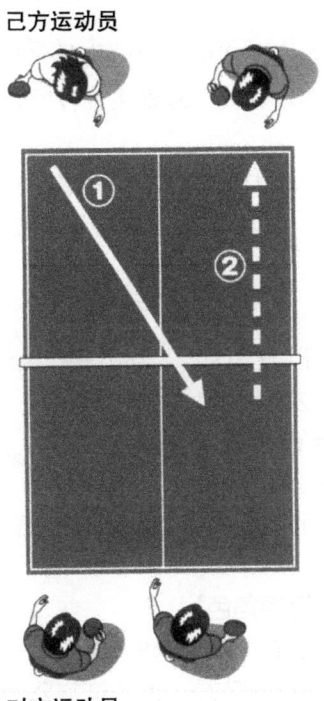

己方运动员

对方运动员

专题7　双打中的心理因素

双打比赛比单打比赛更注重心理素质。自己的语言和动作乃至身体特征如果表现良好，就能够增强队友的信心，如果表现不好也能击溃队友的信心。因此，比赛时要特别注意以下几点。

【双打时的禁忌】

1. 生气

这样容易使队友精神萎靡不振，导致失误。因此，应该露出健康向上的微笑来。

2. 垂头丧气

比赛时失误是难免的。与其总是在责怪"怎么又失误了？"，还不如多想想下个球该如何去打。

3. 叹气

经常叹气只会在比赛中弥漫消极的气氛。所以比赛中即使出现失误也不要唉声叹气。时刻注意转换心情是非常重要的。

4. 指责对方

比赛中队友出现失误时，即使百般指责也不会起到好的作用，反而容易导致失误。所以，我们应该去发现队友的优点并互相鼓励。

【及时沟通】

遇到困难，以及失误增多时应当和队友好好沟通。只有队友能够看到自己注意不到的地方，通过

出现失误后，哪句话更能够增加信心呢？

反复确认作战技术来达到默契配合，这样才能够扭转比赛的局势。

【状态不好时应当互换角色】

就像相声里面有"逗哏"和"捧哏"的角色一样，比赛中也分为进攻队员和接应队员。但是进攻队员也有力不从心的时候，那么此时就应互换一下两个人的位置，直到恢复最佳状态。所以，作为接应队员的一方平时也应当多进行进攻的训练。

第七章

削球

1 正拍削球

面向左侧肘关节向下挥拍

- 球拍抬到与脸同高
- 膝关节自然弯曲，增强身体稳定性
- 双脚略微张开，与肩同宽
- 持球手一侧的脚稍微向前迈

"削球"是指自上而下切削击球，击球时球拍后仰，向前下方挥拍。用这种削球方式来进攻叫做削球型进攻。

随着乒乓球器材的改进和比赛规则的修改，现在使用这种进攻方式的人越来越少，同时也说明越来越多的人不擅长这种进攻方式。所以，如果能将脑力和体力充分结合，掌握好这项技术的话，会给我们带来很大的优势。

下面首先介绍正手削球的基本技术。

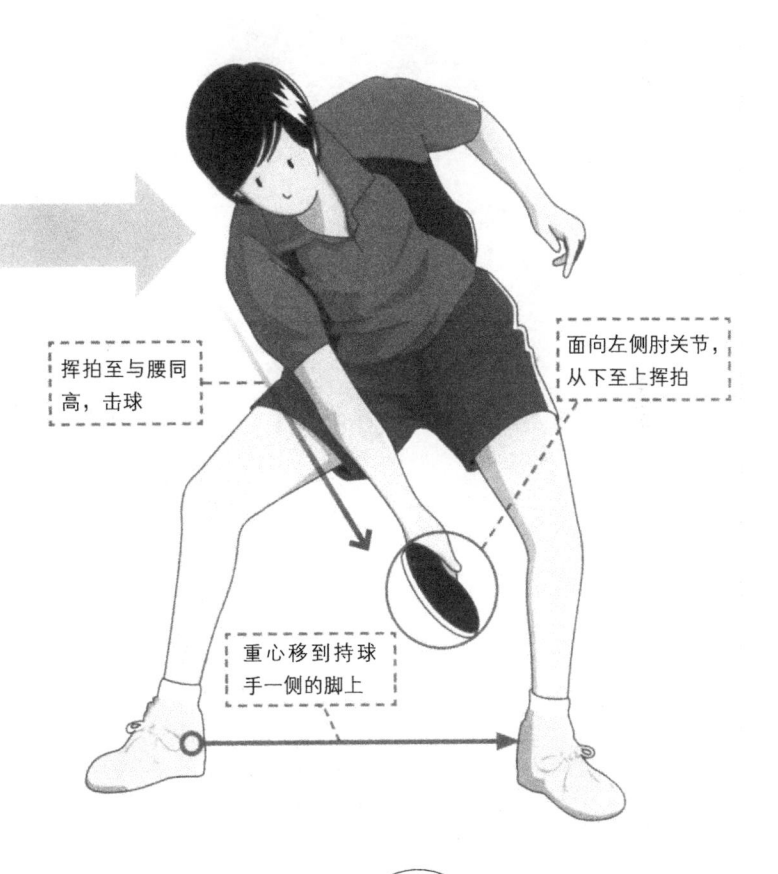

挥拍至与腰同高，击球

面向左侧肘关节，从下至上挥拍

重心移到持球手一侧的脚上

第七章 削球

2 反拍削球

挥拍动作如同画扇形

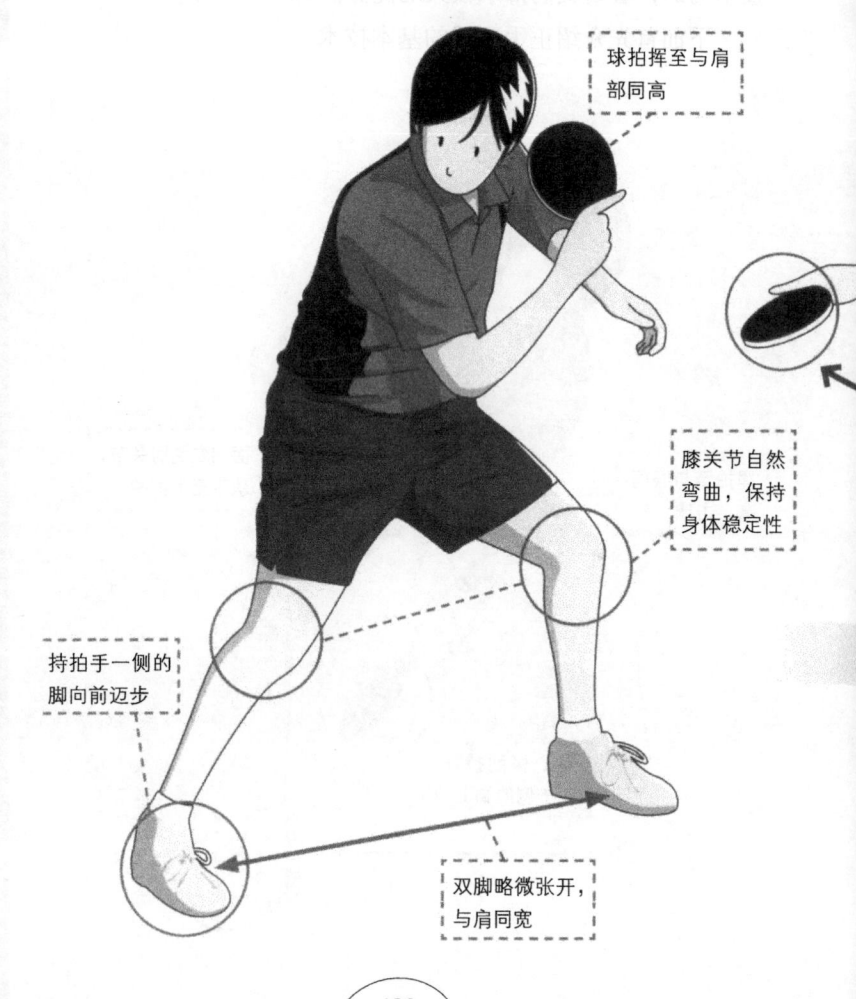

球拍挥至与肩部同高

膝关节自然弯曲，保持身体稳定性

持拍手一侧的脚向前迈步

双脚略微张开，与肩同宽

因为反拍削球需要将身体蜷曲起来用反手挥拍，所以这个姿势可以保证挥拍的稳定性。但是，对于离身体较远的球处理起来会比较困难。

另外，这项技术的缺点是持球手容易成为挥拍时的障碍，所以要灵活运用持球手来保持身体平衡。

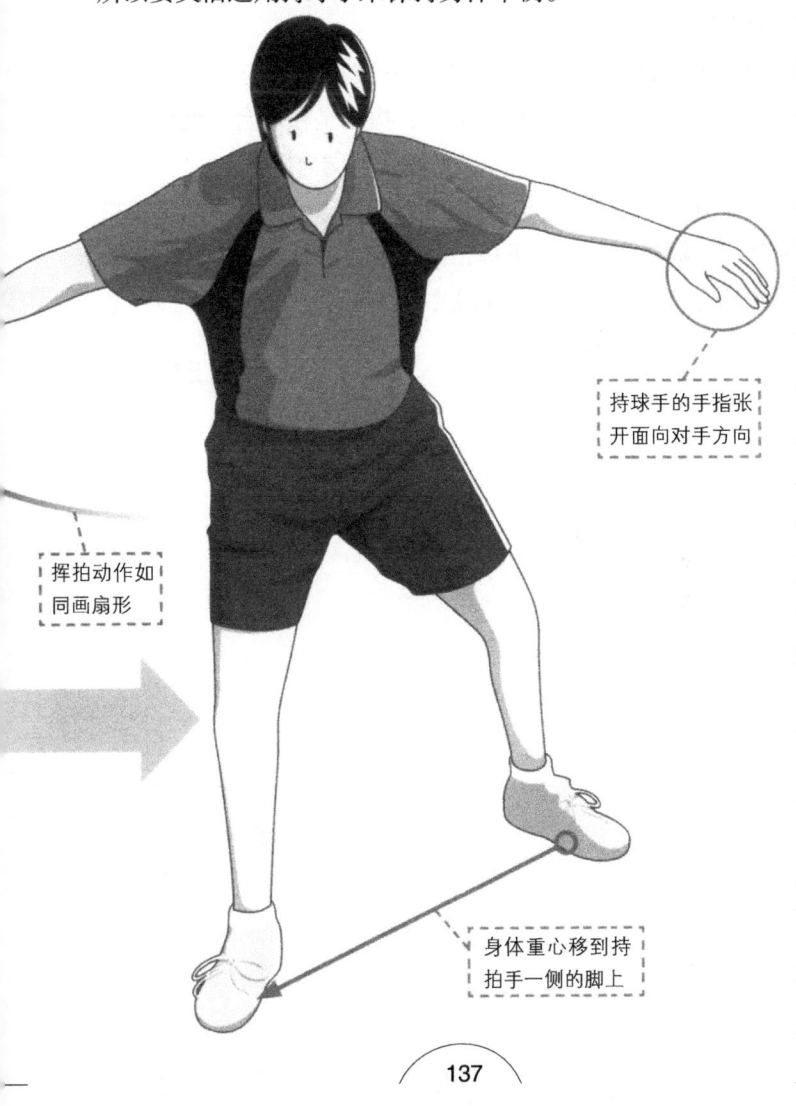

持球手的手指张开面向对手方向

挥拍动作如同画扇形

身体重心移到持拍手一侧的脚上

3 削球的要点

挥拍动作随击球点的变化而改变

自上而下削球

　　削球的击球方式与进攻的击球方式不同，应当"自上而下"挥拍。和搓球的动作稍微类似，搓球是在球台上处理对方的搓球或下旋发球，所以基本动作是从后向前挥拍。

　　另一方面，削球一般应用在对方远离球台击打弧圈球或扣球的情况，如果不自上而下挥拍的话，很容易被对方的强攻所压倒，球也容易发飘，这一点需要特别注意。

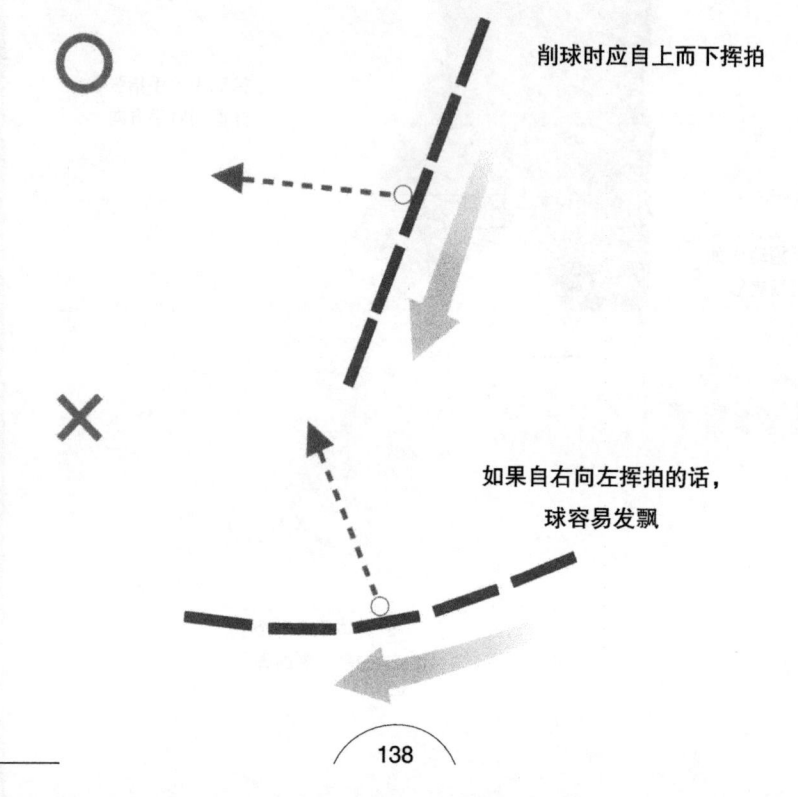

削球时应自上而下挥拍

如果自右向左挥拍的话，球容易发飘

当对方进攻时，削球的基本要领是要利用全身力量来控球。单纯依靠腕关节来控制球的方法不太稳定，这点需要特别注意。

另外，要根据对方的击球方式随时改变挥拍动作，在此介绍一些基本方法。

弧圈球的处理方法

在弧圈球的打法中有一种是打上旋球，为了能够使球发生旋转，应向正下方引拍，并在高处击球。

如果击球点过低，回球容易发飘，所以要注意运用腰部以上的力量击球。

扣球的处理方法

扣球时一般不应使球发生旋转，所以如果自上而下挥拍的话，有时球不容易弹起。因此，挥拍时应将球拍微微前伸。

另外，还有一种向侧面挥拍的击球方法。

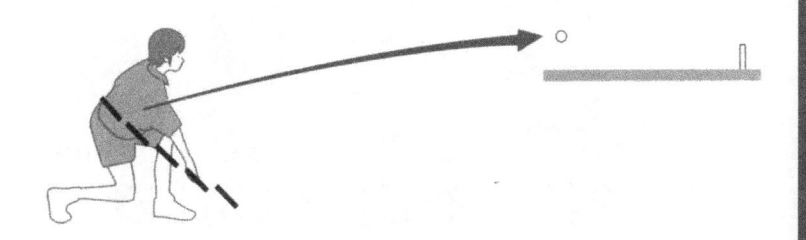

迅速提高乒乓球技巧

4 削球的步法

扩大防守范围

反手削球应对
对方进攻

练习方法
反手削球—
在正手位
前方处理

1 对手在反手位发弧圈球

2 回球用反手削球

3 对手向正手位前方截击

4 用搓球来回球

对手　对手　对手　对手

自己　自己　自己　自己

140

削球手回球时受对手的干扰，身体经常会前后左右摇晃。即使削球动作很稳，但如果身体无法迅速移动，也很难赢得比赛，所以应当扎实地掌握脚步的移动方法。

特别是在很多情况下，"前后对角线"的方向容易被进攻，所以在这里主要介绍前后步法的移动方法。

向正前方用搓球截击

练习方法
正手削球

1 对手向正手位发弧圈球

2 正手削球回球

3 对方向反手位截击

4 用搓球回球（以下重复练习）

第七章 削球

迅速提高乒乓球技巧

5 削球的反击

抓住对方弱点伺机进攻

正拍削球回球，看清对手的击球姿势

练习方法
正手削球—反手进攻

自己　　　自己　　　自己

对手　　　对手　　　对手

1 正手削球　　**2** 对手向反手位截击　　**3** 反手进攻

142

作为削球手，如果仅以防守为主，则难以赢得比分。必要的时候，应当抓住对方弱点，伺机反攻。

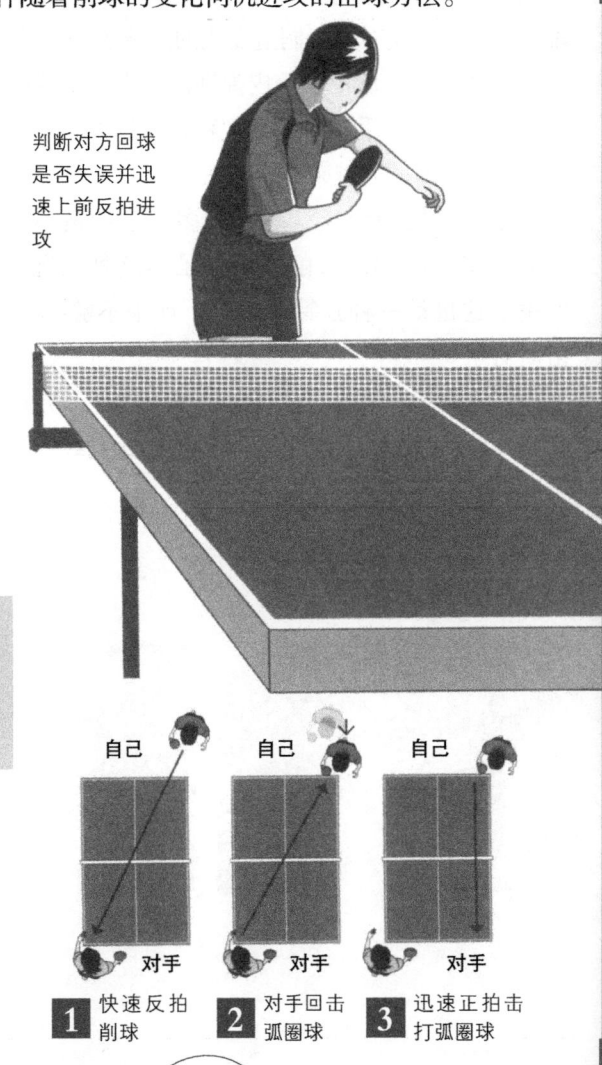

即使还没有形成反击的条件，但可以随时作出反击的准备，"抓住机会就进攻"，回球时给对方造成压力，这样可以增加对手的失误。

这里，介绍一种随着削球的变化伺机进攻的击球方法。

判断对方回球是否失误并迅速上前反拍进攻

练习方法
快速反手削球—正手弧圈球

自己　　自己　　自己

对手　　对手　　对手

1 快速反拍削球　　**2** 对手回击弧圈球　　**3** 迅速正拍击打弧圈球

第七章 削球

专题8 球队中无削球手的应对策略

近几年来,国际乒联对乒乓球比赛的规则在很多方面进行了修改,其中加入了一条"使用40毫米球"的规则。而在修改前,乒乓球比赛标准用球的直径为38毫米,虽然直径只增加了2毫米,却大大影响了球的旋转性,因而增加了击打弧圈球的难度。因此,这对善于制造变化的削球手来说是一个不利因素。

另外,随着球拍和胶皮弹性的增大,削球的速度也骤然提高。所以,削球手接球的难度就越来越大。经过这一系列的变化,练习削球的人越来越少。

随着时代的变迁,越来越多的运动员不擅长这种打法,因此许多球队都没有削球手。虽然这种状况对削球手不利,但由于这也是一种独特的打法,如果不够熟练,就无法轻易击溃对手。

在这种情况下,可多做如下练习,让对方在离球台较远处削短球,然后练习如何回球。多进行此类练习可有效应对削球手的来球。

第八章

有效的训练方法

1 击球姿势

掌握正确的击球姿势

形成标准的身体动作

为保证击球姿势正确，关键要形成正确的身体动作。

平时练习时，可以对照镜子确认自己的挥拍动作是否到位，或者找同伴和教练来评判。

在基本的正拍击球动作中，关键要使用腰部力量挥拍击球。此外，还要保持动作的连贯性，能够随时进行"连续对打"。在训练时，应针对以上几点着重练习。

到此章为止，本书大致介绍了乒乓球的重点技术要领，相信会对大家有一些启发。但是在训练时，如果练习方法错误的话，无论怎样练习也不会得到进步。在乒乓球运动中，最为关键的一点就是保持正确的身体姿势去训练。

为了掌握正确的身体姿势，最有效的训练方法就是进行挥拍练习。特别是对于初学者来说，可以对照镜子反复练习以改正错误姿势。

实战的模拟训练

正如大家所知，挥拍练习是重复同一动作的单调练习，所以很容易使人陷入盲目枯燥的状态。因此推荐大家模拟实战的场面来进行挥拍练习。在球台上，我们可以虚拟对方的打球路线和旋转方式来进行练习，这也是一种很有成效的训练方法。另外，除了挥拍练习外，也可以加上步法练习，通过长时间反复训练，可以很快提高球技。

2 制订训练计划

将时间三等分

步法训练

步法训练对于乒乓球运动员来说是最重要的训练。乒乓球运动要求运动员在仅有 3 米远的球场上任意发挥自己的水平,所以运动员除了要具备灵敏的反应能力外,还要有持续作战的能力以及超强的忍耐力。

因此,通过步法训练可提高运动员随机应变的反应能力,把自己的真实水平最大限度地发挥出来。

训练方法是，先由一名运动员发球，另一名运动员变换步法来击球。开始时，可先发一个正手球，再发一个反手球。有规则地进行交替训练。发球运动员要结合接球运动员的水平，掌握发球的频率和强度，要达到挖掘接球运动员最大潜力的目的。

对于如何制订训练计划大家会有很多疑问。怎样制定训练内容、怎样制定训练强度？这些都是困扰大家的问题。首先，我们应当根据运动员的实际水平，以及距离重要比赛的剩余时间来调整具体的训练计划。

大体上来说，训练内容分为三大类，即"步法训练""专题训练""实战训练"。要平均地分配好这三类训练的进度和强度，制定最有效的训练方法。

专题训练

专题训练是指每次的训练都要围绕一个专题来安排训练内容，主要是针对每个运动员的自身弱点进行强化训练。

例如，有的运动员在接发球后，遭到反手侧进攻不知如何应对，那么对于这样的运动员来说，可以让对方发短球，自己回球，然后让对方的第三球向反手侧进攻，自己再进行第四球反攻。可进行反复练习熟悉这种进攻方式。

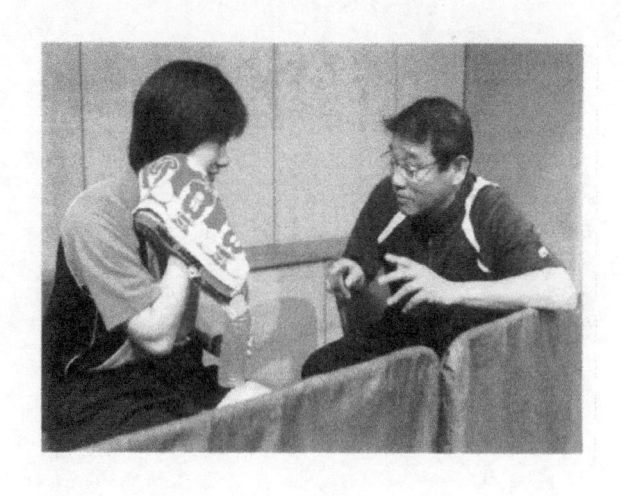

除此之外，训练时如果有教练员在场，可以通过和教练员进行沟通再制定训练内容，这也是比较可取的训练方法。

实战训练

虽说是模拟实战训练，但是也不能对结果无动于衷。如果不努力拼搏，就无法检验出自己真正的水平。

但同时，正因为实战训练的真正目的是检验自己的训练效果，所以也不要过于在意输赢。在训练中应当积极尝试一些新的课题才是值得我们关注的重点。

3 多球练习
通过多球练习提高训练效果

多球练习 (1)

让发球队员（在练习中发球的人）手拿三个球。第一个球让发球队员正拍向前摆短球，然后自己回摆短球。

多球练习 (2)

基本方法和连续对打相同，让对方快速向反手侧搓球，然后自己回球。

多球练习 (3)

在适当的时间，让发球队员正手发长球，然后自己扣杀回球。

为了提高训练效果，应当不断地去练习击球。所以，最有效的训练方法就是尽可能多地击球，也就是所说的"多球练习"。

利用这种方法可以频繁地接触球，所以这是适合反复练习和攻克难题的最佳训练方法。但是，要注意打法不要过于杂乱，最好集中几种关键打法去练习。

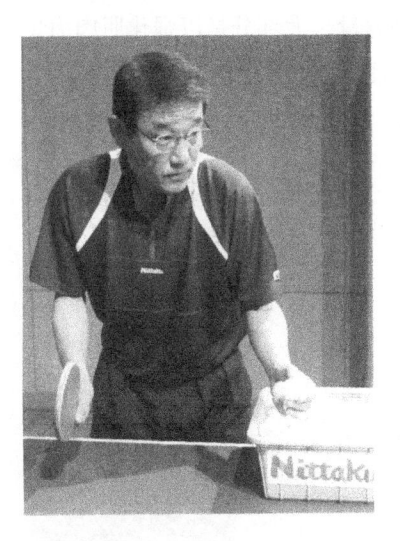

发球人很关键

在多球练习中，发球人的职责很重要，因为发球人要根据接球人的实际水平和击球方式，在适当的时机、适当的位置上发球。

如果发球人的水平很高，可使训练达到事半功倍的效果，所以这个角色并不是任何人都可以担任的。可以毫无疑问地说，发球人必须具备中级以上水平。

尽量靠近球

在多球练习中，始终要保证发球队员能连续不断地发球，否则很难达到理想的训练效果。所以不要把球篮放得离自己太远。应当把球篮放到自己的旁边，保证能够接连不断地发球。

4 有关训练的相关思考

提高协调能力

力量训练的误区

现代运动训练为了强化腿部力量，大部分是以强化肌肉力量为重点。这其中最有代表性的训练方法是力量训练法。

力量训练法是在静止的状态中增加肌肉的负荷，一点点地让肌肉增长的方法。因为这种方法容易量化，凭借数据就能够衡量自己的进步，并且容易和他人进行比较。因为可以通过数值这一客观的事实来显示，所以自己和他人都比较容易接受。但是，我认为这里面有一个很大的"陷阱"。

持续进行力量训练确实能够增强力量，但是，与此同时速度方面的训练得不到满足，而且容易引起肌肉拉伤。为什么会这样呢？那是因为力量训练是把力量集中在"局部"的训练方法。如果仅仅把力量集中在局部，产生全身爆发力的全身平衡系统就会崩溃瓦解。

日本乒乓球女子国家队教练员竹内聪在做集训指导

最后，关于乒乓球运动员的训练，我们请原日本女子国家队总教练竹内聪（新泻县北越高中的教员）为我们做介绍。

协调性

很显然，强化肌肉能力的训练并不等于没有意义。如果肌肉的力量大，就能够打出有爆发性的球来。但是，乒乓球并不是靠爆发性来决定输赢的运动项目。

除此之外还有很多重要的能力，例如，能够应对紧急状况的"应变能力"、迅速恢复姿态的"平衡能力"、能够让关节和肌肉同步的"连接能力"等。当头、手脚等动作出现微调整时，视觉上的"识别能力"都是一种非常重要的"协调能力"。

协调能力是指，通过耳、目等五官来感知，通过大脑来判断，然后身体发生一系列动作的能力。经常会听到有人说"这个人的运动神经发达"，其实就是指这个人的身体协调能力强。

人的神经系统最发达的时期是 8~12 岁。而在这段时期前后的五六岁到十四五岁是提高人的协调能力的最佳时期，在这一时期协调能力的训练决定着将来这个人的协调性的发展。

虽然我们在谈如何提高人的协调性，但是关于协调性的训练方法却是多种多样、五花八门，所以如果有人想了解具体的方法，我建议你们应该去查阅一些相关的专业书籍。在这里，我只介绍关于乒乓球运动的提高信息处理能力的有关方法，即"视觉训练方法"。

5 视觉训练

提高视觉机能

　　视觉训练就是提高眼睛机能的训练。但这并不是指治疗近视眼或提高视力的开发训练。虽然有些方法和治疗斜视的恢复训练相似，但在本质上是不同的。

　　人类对于视觉能力的有效利用只占与生俱来的能力的很小一部分。首先要开发还未被使用的那部分视觉机能，进行提高信息处理机能的训练，也就是说为了提高"视觉IQ"的训练。

　　运动员不仅要有机敏的反应能力，还要把握好身体的平衡，在球场这个空间中把握好自己的位置和周围事物的距离，将注意力能够集中在从空中飞来的球上，还要掌握好时机不失去每一个宝贵的机会，这些都是必须要做到的，特别是在乒乓球运动中，不仅要有能看清事物的视觉能力，还要从更宽的视角，用最低的身体能量去搜集尽可能多的信息，以上这些视觉能力和必要的体力都是优秀运动员必不可少的。

视觉训练的方法

- 眼球运动的训练。

- 双眼协调性和认知能力的深度训练（如左图所示）。

- 协调性和柔韧性训练。

- 视觉机能和平衡性训练（如下图所示）。

- 眼和手的协调性训练。

- 对周边事物的认知能力训练。

- 眼睛的反应训练。

- 视觉化训练。

6 眼和手的协调性训练

接球

①双手拿球。两只手同时将球向上抛起，在球落下时用双手接球。

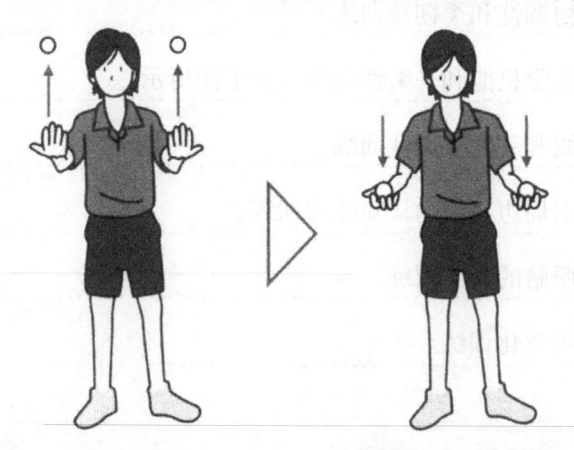

②两只手同时将球向上抛起，左右手交叉接球。

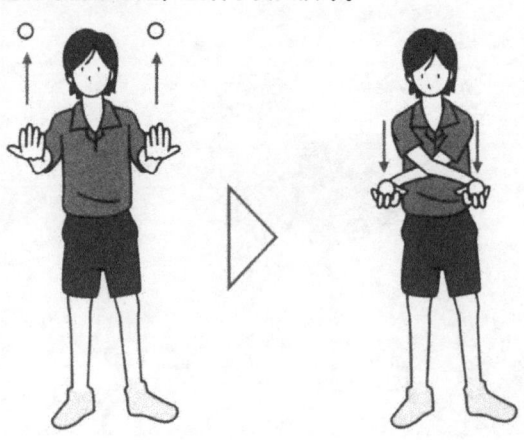

在视觉训练中，关于提高眼睛和手的协调训练，我们可以举个例子来介绍，那就是"接球训练"。这个接球训练，是感知在空间中的人与球的距离的最佳训练方法。只要有乒乓球就能随时随地进行训练，所以可以利用其他训练的休息时间进行这个小练习。

③一只手（如左手）拿两个球，另一只手（右手）拿一个球。用拿两个球的左手向上抛出一个球（仍然拿另一个球）。在抛起的球快要落下时，右手抛出手中的球，然后去接快要落下的那个球。同时，左手抛出手中的球，准备接右手抛出的球。要点是，用右手去接左手抛的球，用左手去接右手抛出的球，但一定要同时使用三个球，反复练习。

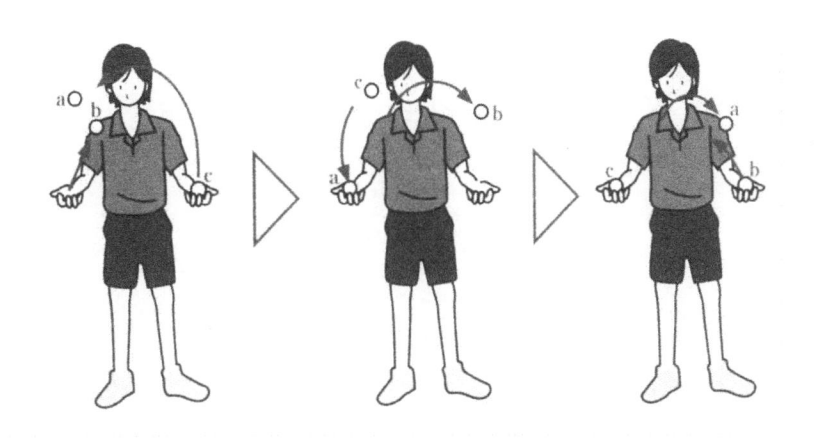

版权声明

书名：ぐんぐんらまくなる卓球
作者：西村卓二
Copyright：©Takuji Nishimura 2009
Original Japanese language edition published by Baseball Magazine Sha.
All rights reserved. Including the right to reproduce this book or portions thereof in any form without the written permission of the publisher.
Chinese translation rights arranged with Baseball Magazine Sha. Tokyo through BNS.

图字：01—2017—6336